亚太国际谈判学院精品图书

首席谈判官

新生代商业领袖谈判之道

武向阳 ◎著

图书在版编目（CIP）数据

首席谈判官 / 武向阳著．—广州：广东人民出版社，2018.1
ISBN 978-7-218-12352-3

Ⅰ.①首… Ⅱ.①武… Ⅲ.①谈判学 Ⅳ.①C912.3

中国版本图书馆CIP数据核字(2017)第286103号

本书中文简体字版通过Grand China Publishing House（中资出版社）授权广东人民出版社在中国大陆地区出版并独家发行。未经出版者书面许可，本书的任何部分不得以任何方式抄袭、节录或翻印。

SHOUXI TANPANGUAN
首席谈判官
武向阳 ◎著

版权所有　翻印必究

出 版 人：肖风华

策　　划：中资海派
执行策划：黄　河　桂　林
责任编辑：罗　丹
特约编辑：乔明邦　温敏超
版式设计：吴惠婷
封面设计：胡小瑜

出版发行：广东人民出版社
地　　址：广州市大沙头四马路10号（邮政编码：510102）
电　　话：(020) 83798714（总编室）
传　　真：(020) 83780199
网　　址：http://www.gdpph.com
印　　刷：深圳市彩美印刷有限公司
开　　本：787mm×1092mm　1/16
印　　张：17　字　　数：236千
版　　次：2018年1月第1版　2018年1月第1次印刷
定　　价：58.00元

如发现印装质量问题，影响阅读，请与出版社（020-83795749）联系调换。
售书热线：(020) 83795240

首席谈判官是一个新兴的高级商业职务，主要负责架构公司谈判团队，介绍有效的谈判技能，阐释新颖独到的谈判理念。首席谈判官作为企业利益的代表，是企业发展过程中重要的软实力代表之一。在竞争激烈的市场环境中，他以为企业争取更大利益为己任，本着公平公正的竞争原则，为企业和市场创造共赢的博弈格局。

吉姆·卡斯卡特（Jim Cathcart）（左）
美国演说家协会前会长
世界第一演说家

权威推荐

  我希望能向各位介绍我的新朋友武向阳先生。武向阳先生是《首席谈判官》这本书的作者,而首席谈判官(CNO),是个许多人都不太熟悉的概念。如果有人具备谈判技巧,会对其所在公司产生极大助益,这个人能帮助公司达成重大的协定。很多公司并没有这样的人,这样的公司只能依靠老板或者CEO来谈判。

  所以说每家公司都需要首席谈判官,而每位首席谈判官在我看来需要有两大技能:一种是公众演说能力,是指能在摄像机前为大众演讲的能力,而不是面对镜头和公众不知所措;另一种是了解所有计划和原则的能力,我称其为"关系营销"能力。CNO是会把这些关系看做"资产"的人,他们会经常经营这些"关系"。CNO也会掌控谈话和交流的质量,可以随时打开话题,提升并赋予沟通以价值,从而创造更多价值。每个人都需要这本书。如果你买了这本书之后想要学习相关的知识就找武向阳。

吉姆·卡斯卡特

约翰·格雷(John Gray)(右)
国际著名情感问题专家
畅销书《男人来自火星,女人来自金星》作者

权威推荐

谈判在商务生活中是非常重要的。谈判要看对象，男女有别，最重要的是要建立信任。跟男人谈判，我要告诉他我有多成功，我的成就是什么，我有多伟大，这样就建立了信任。而跟女人谈判，我同样告诉她我有多成功，但是我更需要聆听对方的声音，她此刻的心情，她想表达什么。当女人感觉自己被耐心聆听时，她就跟你建立起了信任。

如果人与人之间失去了信任，谈判就不过是一个伪命题。武向阳先生倡导的"首席谈判官"概念，会极大推动谈判事业发展，我很乐意与武向阳先生合作，受邀在第二届（2017）亚太国际谈判大会暨第二届中国首席谈判官（CNO）年会以主讲嘉宾的身份进行经验分享。

约翰·格雷

目录

前　言　首席谈判官缘起

第一部分
分享经济，谈判共赢

一位学员与对手的谈判进行了两个月，却还没有确定对手的首席谈判官；千橡互动娱乐陈一舟如何用5分钟陈述，说服"互联网之神"孙正义投资数千万美元；谈判本是一场你拉我推的马拉松，如果你得知了对方面临着时间压力，那么你就拥有了一项巨大的优势。不妨看看，唐骏如何利用时间压力，让AB公司首席谈判官在青岛啤酒股份转让合约上签字的。

第1章　首席谈判官
寻求多方利益的最大公约数　5

公司利益发言人　9
首席谈判官的三重身份　11
谈判力，企业盈利能力的放大器　13
谈判和美国登月球一样，也是系统工程　14
着眼长期价值，着手短期利益　15

第2章 | 职责与权限
界线对谈下的自由与决策 19

建立"共赢推动谈判"理论体系 23

首席谈判官的五大职责 28

受权与授权的艺术 33

第3章 | 组建谈判部门
谈判是一项合作型事业 37

谈判部门的定位与组织结构 39

谈判部的岗位设置 43

"跨界团队"四大管理秘诀 45

让团队跨越文化，高效沟通 47

第二部分
首席谈判官实战训练

对于首席谈判官而言，知识和能力不能混为一谈。知识可以提升谈判表现，但能力却决定了谈判结果。在第二部分里，我们将会围绕谈判目标、计划、流程、方案、障碍、风险、结果、培训以及股权特例等方面展开论述。

第4章 | **谈判领袖视角下的谈判目标**
　　　　　让国旗在零时零分零秒准时升起　55

　　期望不同于目标　57

　　目标不等于底线　61

　　谈判协议最佳替代方案　64

　　划清交易与关系的界线　65

第5章 | **全球首创谈判分析仪表盘**
　　　　　在利润版图上步步生金　69

　　可视化谈判过程　70

　　戴蒙德教授的"四象限谈判模式"　71

　　谈判钟面模型　75

　　首创谈判分析仪表盘　79

　　拟定流程、精准把控进度　85

　　以签订协议为导向，制定项目计划　87

第6章 | **执行谈判方案**
　　　　　缘道求术，瀑落九天　91

　　开局原则：气氛！气氛！气氛！　93

　　中局原则：紧盯目标，进退有度　96

　　终局原则：绝对成交，签订合同　101

第7章 谈判桌上的六只拦路虎，其实都是"纸老虎" 105

劣势：伏藏赢术 108

障碍：绊不倒你的石头，都是垫脚石 109

冲突：从分歧走向合作的关键点 110

僵局：心急吃不了冻冰棍 113

中止：谈判桌上插播一段"广告" 114

出局：谈判官的"拖刀计" 115

第8章 管理谈判风险
捕获舌尖上的黑天鹅 119

显性风险：可以定向爆破的"哑弹" 122

隐性风险：潜藏于过程的"定时炸弹" 126

购买保险：避免"好价格，烂交易" 128

第9章 复盘过程与评估结果
把经验内化成能力 131

复盘：把经验内化为能力 132

回顾"谈判分析仪表盘"，谈判复盘 135

提升"失败回报率" 138

谈判，也要进行月度、季度与年度评估 140

第三部分
功夫在诗外

企业如何从日常销售、采购、人事等日常运营中，提炼谈判案例，开设内训课？

潍柴控股集团董事长谭旭光面对高盛集团在谈判桌上的无礼举止，甩手离开。如果高手非要在谈判桌上动怒，那么，他究竟如何用"怒气"换来"和气"？在看不见硝烟的股权争夺战场上，谈判就是你获胜的"主力军"。

第10章 谈判内训课
全员学谈判，人人用谈判　145

搭建案例库：谈判智慧之源　147
谈判，更需要刻意练习　149
构建首席谈判官的临界知识　151
麦肯锡公司挖掘对手需求的SCQA分析法　155

第11章 股权谈判关键点
摘取商业谈判金字塔的桂冠　159

谈判，不见硝烟的股权争夺战　161
并购实战解读：抢食陷阱边缘上的馅饼　166

第12章 用谈判思维演讲
一对多的共赢秘诀 171

以成交为目的的魔力推介会　173

18分钟，TED演讲凭什么风靡全球？　174

分心时代，如何建立路演优势　175

用演讲的方式进行谈判　183

第13章 NLP在谈判中的应用　185

NLP简述　187

投契合拍的12条前提假设　188

六个理解层次，"降维谈判"VS."升维谈判"　193

第14章 首席谈判官四重境界和九层修炼　199

首席谈判官的四重境界　201

首席谈判官的九层修炼　206

第四部分
CNO展望及培养机制

此时我们站在全球视野的高度，展望首席谈判官的职业发展前景。日益维艰的经营状况，每一项目利润都更加依赖谈判。此时，CNO与

CEO、CFO等经营高管共同承担经营业绩，显得尤其重要。

如何从大学谈判课吸收营养？如何向市场培训师择善取经？如何完善首席谈判官的培养机制？这正是我们努力前行的方向。

第15章 | 首席谈判官职业发展前景展望　213

经营维艰，首席谈判官的金饭碗　215

跻身CXO队列，为经营业绩负责　216

职业谈判官，纵横商界的"自由侠"　218

第16章 | 建立CNO培养机制　221

象牙塔里的谈判课　222

市场培训师及资格认证现状　223

完善首席谈判官的培养机制　224

后　记　CNO俱乐部，打造新生代谈判领袖社群　227

致　谢　231

参考文献　233

附　表　《首席谈判官》联合发起人群英榜　241

首席谈判官缘起

2007年，我将世界谈判大师罗杰·道森及其风靡全球的优势谈判课程正式引入中国，并持续推动优势谈判课程在中国的发展。2013年，我首次提出"首席谈判官"的概念，并于2015年9月21日及11月14日在中华人民共和国国家工商行政管理总局商标局取得"首席谈判官"第16类和第35类商标注册证书。

2015年11月14日，在《首席谈判官》一书的全球众筹新闻发布会上，我作为"首席谈判官"的发起人，再次提出"首席谈判官"的概念及重要性，并给出准确定义：首席谈判官是企业利益的集中代表，也是企业发展过程中重要的软实力代表。在竞争激烈的市场环境中，首席谈判官需要遵循公平公正的竞争原则，为企业争取更大利益，为企业和市场创造共赢的博弈格局。在商业竞争日益激烈的环境中，首席谈判官是一个应运而生的高级商业职务，主要负责规划、构建公司谈判团队,阐释前沿谈判理念,培训最有效的谈判技能。

2016年11月13日至14日,由我发起举办的首届中国首席谈判官(CNO)年会在广州成功召开,世界谈判大师罗杰·道森等重要嘉宾亲临现场。

2017年4月27日至29日,中国首届"首席谈判官高级研修班"课程在广东中山隆重开班,由我亲自担任主讲导师,这也是首次针对全球谈判领域人才培养推出的高端精品课程。

第一部分

分享经济，谈判共赢

一位学员与对手的谈判进行了两个月,却还没有确定对手的首席谈判官;千橡互动娱乐陈一舟如何用5分钟陈述,说服"互联网之神"孙正义投资数千万美元;谈判本是一场你拉我推的马拉松,如果你得知了对方面临着时间压力,那么你就拥有了一项巨大的优势。不妨看看,唐骏如何利用时间压力,让AB公司首席谈判官在青岛啤酒股份转让合约上签字的。

武向阳（右）与世界谈判大师罗杰·道森（左）

  首席谈判官在代理人、领导者和谈判专家三重角色的转换过程中，既要为企业争取短期利益，更要关注企业长期价值。

  不仅如此，成熟的谈判人员不只是关注己方的价值和利益，也会兼顾对方的价值和利益，最终找到双方都认同的价值，并以此为基础，寻求双方满意的利益分配方案。

第 1 章

首席谈判官

寻求多方利益的最大公约数

> 一个人生命中最大的幸运，莫过于在他的人生中途，即在他年富力强的时候，发现了自己的使命。
>
> —— 斯蒂芬·茨威格:《人类群星闪耀时》

2015年10月23日，晴天，气温在25摄氏度以上，广东省中山市金钻酒店，"谈判兵法"第26期课程如期进行。

第二天的晚课结束后，我捧着茶杯，走出教室。一位学员迎面走来，在距离我两米开外就抬手准备握手，且急切地开口说："武老师，您好。我想问您一个问题，这个问题困惑我好长一段时间了。"

我看到他急匆匆向我走过来，就开始在脑海中迅速调取他的信息。虽然没有找到太多信息，但我记得他的姓名和公司名称。在这两天课程中，这位王总好像没有主动在课堂上提问或发言。

根据这些有限的信息和此刻一连串的动作，我有了一个基本认识。我抬起手，一边握住他的手，一边说："王总，欢迎提问。"

王总说："武老师，我正在和一家上市公司围绕一个项目进行谈判。这个项目的合同金额超过500万元，是我们有史以来遇到的最大项目。我方非常渴望拿下这个项目，不仅是因为它的合同金额，更是因为这个项目是我们正在开发的新业务，且有望成为我们在新业务领域的立足点和样板工程。"

我面带微笑，注视着他，不时点头，并用鼓励的语气发出"嗯、哦"之类的声音。这样的动作不仅可以告诉对方，我在认真倾听他讲话，也表示我听明白了他的意思。

此时，一位课程助教走过来，递给王总一杯茶，也给我的茶杯续了水。

王总稍微停顿了几秒钟，接着说："我们是乙方，又高度重视这个项目。双方约在我们公司进行第一次会面，我和一位业务副总就出面了，见到了甲方一位采购总监和一位文员。采购总监是一位身经百战的商场老兵，文员则是毕业不到两年的社会新鲜人。双方首次见面，没有谈及具体内容。第二轮会面在甲方公司，我和业务副总见到了甲方董事长、采购总监和文员。甲方董事长畅谈了一通情怀和愿景，告诉我们采购总监是这个项目的负责人。然后，他就离席而去。在后续的谈判中，我们报价给采购总监，并就具体条款进行说明。"

"此外，除了又进行了两轮面对面谈判，我方业务副总也数次在电话里解答甲方疑问。在第四轮谈判中，甲方采购总监口头答应标的、报价、交期等核心条件，并声称需要征得董事长同意。次日，甲方采购总监在电话里告知我方，董事长同意我方报价，要求我方拟订合同。他们接到合同，马上进入会签流程。"

在王总说话期间，我一直默默地观察着他的一举一动。我发现，王总讲到兴奋之处，会手舞足蹈起来。他说："武老师，我们觉得这个项目已经是煮熟的鸭子，飞不了的。于是，我方当天起草一份合同，发送给甲方。两天后，甲方文员通过电话告知我们，法务部审查合同时，觉得有些条款表述不清晰，建议我们修订。我们审查后，接受了甲方意见。把合同修订完成后，再次发送给甲方。次日，甲方文员又打来电话，账务部对付款条件、开票科目等事宜提出诸多疑问。我方业务副总直接通过这位文员，找到甲方财务经理，并解释一番，他们接受了我方意见。时间又过去近一周了，没有收到回音。业务副总打电话，向文员询问情况。文员说，董事长对订购数量提出了疑问。"

说到这里，王总有一些生气，声音也不自觉地提高了："这明显是反悔呀！武老师，快两个月了，合同还没有签下来。今天下午，您的助教讲述首席谈判官的有关信息时，我头脑里突然联想到这个项目，突然冒出两个问题：一是，甲方采购总监是项目负责人，文员是对接人，董事长是决策人，那么，我们可以把谁当做首席谈判官？二是，我是董

事长,企业决策人,直接参与谈判,会不会是造成被动局面的主要原因呢?"

我认真听完了他的陈述和问题,并且给出了令他满意的答案。2016年1月,他打电话告诉我,他已经成功签署了那份价值500万元的合同,并且带领企业开启了一项全新业务,进入一片少有人发现的利润蓝海。同时,他要求成为本书的联合发起人。

王总的这两个问题非常具有代表意义,也正是许多谈判人员遇到的困惑。不过,在本书开篇之时,我可不想直接告诉你答案。我建议,你在阅读本书过程中,尝试解答王总的问题,直到看到我的答案,再对比异同。如此一来,你不仅能够获取更多知识,更能够获得更多认识。

通常情况下,我把2014年当做我的谈判事业的分水岭。在此之前,我主要围绕谈判3.0思维模式开展谈判策略、战术等实战层面的研究与教学,而《谈判兵法》一书正是这个阶段的研究成果。

2015年起,我越发认识到,我对谈判的研究需要从"术"的层面,升华到"道"的层面了。从提出"首席谈判官"这一概念,到搭建研究团队,构建理论体系,研发课程内容,两年时间转瞬即逝。

时至今日,我终于有足够的信心和底气把取得的一些阶段性成果汇集成《首席谈判官》一书。本书尝试解决三个方面的问题:

第一个方面,谁是首席谈判官?如何设置这个岗位,包括哪些职责、权力和利益?针对每一场谈判,首席谈判官应该如何搭建团队,制订谈判策略与计划,达成目标?

第二个方面,如何建设谈判型企业文化,提升企业全员谈判力?甚至借此让企业在社会环境、行业生态、经营环境不变的前提下,改善经营绩效,提升社会价值?

第三个方面,首席谈判官的职业前景如何?其能够为社会提供哪些价值?

那么,就让我们带着王总的这两个问题,开启本书的阅读之旅,寻找正确的答案吧。

公司利益发言人

20世纪80年代，全球著名管理大师R.爱德华·弗里曼（R. Edward Freeman）在《战略管理》(*Strategic Management*)一书中，首次提出"利益相关者"一词。他认为，利益相关者是能够影响一个组织目标的实现，或者受到一个组织实现其目标过程影响的所有个体和群体。在他看来，企业利益相关者包括企业的股东、债权人、员工、消费者、供应商等交易伙伴，也包括政府部门、本地居民、本地社区、媒体、非营利组织等社会机构，甚至还包括自然环境、人类后代等受到企业经营活动直接或间接影响的客体。企业的生存发展与这些利益相关者密切相关。

在深入研究弗里曼的利益相关者理论的基础上，我发现，利益相关者既然是相互独立、相互关联且能够相互影响的个人或群体，那么，谈判人员则是串联多方利益相关者，为企业创造价值，获取利益的关键节点，见图1.1。

从图1.1中我们可以观察到，企业与消费者（客户）发生销售行为，企业与供应商发生采购行为，企业与股东（投资者）发生投资和分配收益行为，等等。其实，这些行为都是利益相关者表达、索取利益的过程，而在这些过程中，谈判是一种必不可少、高效率低成本的活动。美国谈判学会会长杰拉德·尼尔伦伯格（Gerald Nierenberg）在《谈判的艺术》(*The Art of Negotiating*)一书中写道："每一个要求满足的愿望和每一项寻求满足的需要，至少都是诱发人们展开谈判过程的潜因。只要人们为了改变相互关系而交换意见，只要人们为了取得一致而磋商协议，他们就是在进行谈判。"

其实，谈判不只是商业领域的重要活动，更是政府之间表达诉求的有效途径。在长达十多年的谈判培训生涯中，我发现，各级政府机关对谈判的需求越来越明确，也越来越迫切。

因此，在本书的行文过程中，我以商务谈判为主线，适当穿插一些政府谈判案例、技巧等内容。

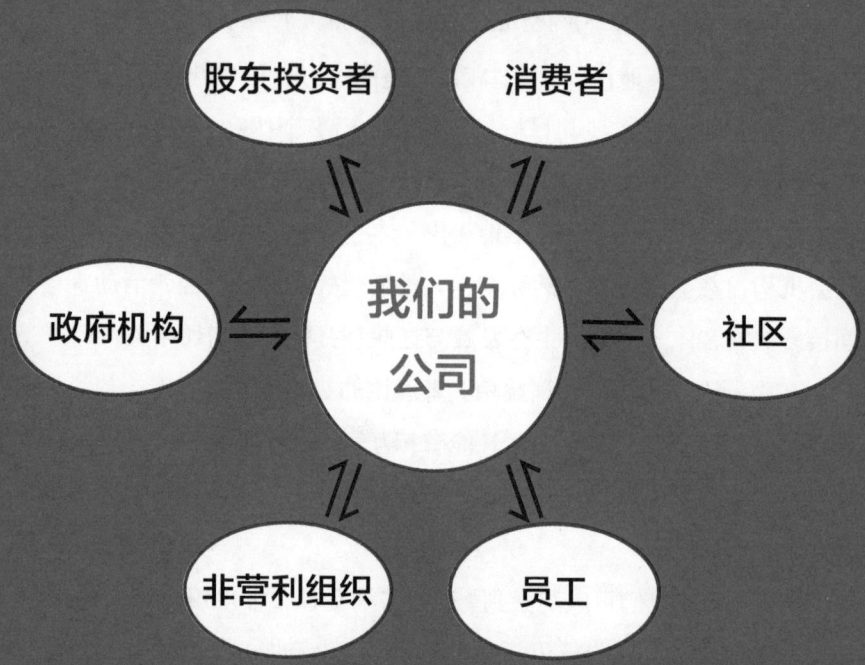

图1.1 企业利益相关者

●利益相关者是能够影响一个组织目标的实现,或者受到一个组织实现其目标过程影响的所有个体和群体。

首席谈判官的三重身份

在商务谈判过程中，企业董事长或老板很少会冲到谈判一线。如图1.2所示，在通常情况下，他们作为委托人，安排首席谈判官作为代理人，代表自己参与谈判活动。在实际谈判过程中，首席谈判官需要组建一个团队，并且当好这个团队的领导者。在扮演代理人与领导者两个角色前，首席谈判官更需要演好谈判者这个角色。

第一重身份：代理人。企业董事长或老板之所以很少亲临谈判一线，主要有三方面原因：一是代理人可以帮助委托人节省大量时间；二是可以找到更加专业的代理人；三是代理人可以充当"安全垫"。首先，谈判是一项复杂的系统工程，又是一类具体的经营活动。董事长作为企业掌舵人，通常站在全局角度，掌控各类事项进度与资源配置。因此，当遇到具体谈判事项时，他们会委托一名代理人出任首席谈判官，整合企业内部与外部资源，完成谈判。2010年，吉利集团完成对沃尔沃的收购。吉利董事长李书福在一次接受媒体专访时透露："我们不是用一两个月来完成这项并购，而是用两三年，甚至七八年来完成的，所以，我们的调查工作做得非常仔细，我们科学论证工作做得非常合理，我们的准备工作做得非常扎实，我们与福特沟通过程当中，在谈判中的一切宗旨、所有目的都是为了沃尔沃能更好地发展。围绕这个中心来开展谈判，不是说福特为了多卖多少钱，吉利为了少付多少钱，这不是谈判的中心，谈判的中心是，沃尔沃怎么能够拥有更好的未来。现在我们签署的协议就是有利于推动沃尔沃能够更好发展的。这都是我们能成功的原因。"

其次，寻找更加专业的代理人。在与福特公司谈判的过程中，李书福通过一家英国公司，聘请了全球顶尖律师事务所富尔德、会计师事务所德勤、著名咨询公司罗兰贝格和著名企业并购公关公司博然思维担任谈判顾问。他还聘请华泰汽车前总裁童志远、英国石油公司高管张芃和袁小林、菲亚特动力科技中国区原总裁沈晖组成核心成员团队，组建了一个200多人的谈判团队。一位参与谈判的人士在事后回忆说："谈判

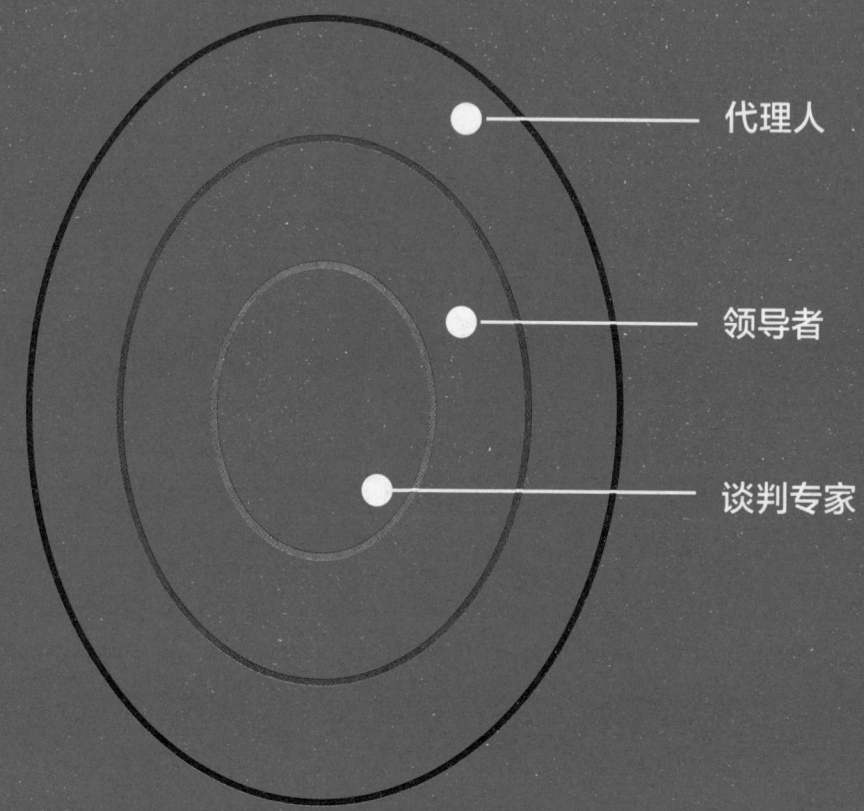

图1.2 首席谈判官的三重身份

● 老板作为委托人,安排首席谈判官作为代理人,代表自己参与谈判活动。

的艰苦程度是难以想象的,仅是双方准备的资料和谈判记录,就重达几十公斤,吉利集团谈判团队的成员,由于经常往返于国内和欧洲,常常会在早上醒来时,反应不过来自己身在何处。"我们可以发现,在这场历时800多天的谈判过程中,李书福借助众多代理人之力,完成了95%以上的具体事项。

最后,代理人可以充当"安全垫"。罗杰·道森在《优势谈判》一书中阐释如何使用搁置策略,应对谈判过程中的困境、僵局或死胡同。如果董事长或老板在谈判桌上被对方逼入困境、僵局或死胡同,即使应用搁置策略或虚拟上级策略,争取到喘息之机,也已陷于被动之中。但如果是代理人被对方逼入困境,则可以顺理成章地表示无决策权,并以需要请示上级为由,搁置棘手问题。

第二重身份:领导者。在谈判团队中,首席谈判官通常需要扮演团队领导者。谈判形势复杂万变,走向扑朔迷离,首席谈判官需要围绕谈判目标,凝聚团队成员,制订策略措施。在内部遇到矛盾时,及时协调意见,统一思想和行为;在遇到挫折时,及时鼓舞士气,带领大家继续努力。既然是团队领导者,同样需要识别、选拔与安排人才,分配任务。这些工作是首席谈判官作为领导者的部分日常工作。

第三重身份:谈判专家。打铁还需自身硬。顾名思义,首席谈判官首先是谈判专家,但他又不仅是熟悉具体战术的谈判人员,更是能够掌控谈判方向、进度,达成谈判目标的策划专家。2012年12月5日,《财经界》杂志社、《澳门商报》及中国策划协会评选并为我颁发了"2012中国实力谈判策划专家"奖项,由此可见,相关媒体与机构对谈判专家在商业中的地位及发展甚是关注。

谈判力,企业盈利能力的放大器

我认为,企业经营者任命首席谈判官,有助于提升企业盈利能力,改善企业盈利状况,使企业利润翻倍增长。

我的老师罗杰·道森先生认为，通过谈判得到的每一美元都是额外收入，也就是所谓的净利润。他曾经试算过一笔账。在平均利润率只有5%的行业里，一笔40 000美元的业务，理论上可获得2 000美元利润。如果销售经理经过谈判，就同样标的，把成交价格提升到41 000美元，那么，该笔业务就可以挣到3 000美元利润，利润增加了50%，而利润率则从5%提升到7.32%。反过来，如果这名销售经理不具备这样的谈判力，使成交价格下降到38 000美元，那么这笔业务的利润为0美元。或许，这种情况正是首席谈判官发挥价值的时候了。

我在《谈判兵法》一书中写道，谈判是一种创造价值的工具，其出发点应该是在多方利益的间隙中闪转腾挪，创造更多价值。谈判双方不应该一门心思盯着仅有的一块蛋糕，而是应该面带微笑，携起手来，一起制作出更大的蛋糕。

谈判和美国登月球一样，也是系统工程

20世纪40年代，美国贝尔实验室在规划研制电话通信网络时，首次提出"系统工程"概念，并将其应用到实际工作中。此后，美国执行研制原子弹的曼哈顿计划、阿波罗登月计划都应用到了系统工程相关知识。我国著名科学家钱学森在《论系统工程》一书中提出，系统工程是组织管理系统规划、研究、设计、制造、试验和使用的科学方法，是一种对所有系统都具有普遍意义的科学方法。

系统工程理念要解决的是总体优化问题，从复杂问题的总体入手，总体大于各部分之和，各部分虽然存在劣势，但总体可以优化。从系统工程的定义来看，它与我提出的谈判3.0思维模式不谋而合。谈判双方都既有优势，又有劣势，而双方需要做的是，发挥各自的优势，规避各自的劣势，以此使双方的总体利益最大化。

就像前文提到的吉利收购沃尔沃的案例一样，吉利集团一方就组建了200多人的谈判团队，前后历时800多天艰苦谈判，这俨然就是一项

系统工程。李书福给这次谈判定的调是"谈判的中心是,沃尔沃怎么能够拥有更好的未来",这就是从总体层面,通过优化,解决复杂问题的思路。虽然在收购过程中,吉利在某些方面并不具备优势,但总体上却提出了优于其他竞争对手的方案。

着眼长期价值,着手短期利益

首席谈判官不仅是企业的利益代表,更是挖掘企业价值的"窗口"。2009年,千橡互动娱乐集团董事长陈一舟在接受《英才》杂志采访时,讲述了两次截然不同的谈判经历。

2006年,千橡互动娱乐集团处于高速扩张阶段,急需补充资金。一方面,众多投资人注意到这个Web2.0时代的排头兵,主动找到千橡集团,要求投资;另一方面,他们也注意到千橡集团过于依赖无线业务,且存在很大不确定性,因此,双方在价格上争论不休。

在众多报价中,泛大洋资本集团(General Atlantic, GA)的出价并不是最高的,但表现得十分专业、执着和热情。经过谈判,双方就条款达成一致。GA从硅谷派一位女性代表到千橡集团总部,等待了三四个小时后,双方终于签字,千橡集团获得了4 800万美元。

2008年,千橡互动娱乐集团董事长陈一舟接受上一轮投资人建议,拜访软银集团董事长孙正义。陈一舟认为,能够与"互联网之神"孙正义面对面交流,如同向孔子问道,本身就是一件非常值得的事情。对于融资,他并不抱过高期望。

在谈判开始的前5分钟里,软银COO和其他几位负责人聆听了陈一舟的融资路演报告。当陈一舟用5分钟,讲解到第5页时,软银一位人员打断路演,快步走出会议室。一会儿,孙正义进来，陈一舟继续路演。5分钟过后，孙正义说，挺好的，可以投。然后，他起身去厕所。

这时候，陈一舟想起马云的故事。据说，阿里与软银的合作就是在厕所里面搞定的，于是，陈一舟起身追上孙正义。在路上，陈一舟说："听说马云的单子就是在厕所里敲定的，这就是我跟你一起上厕所的原因。"孙正义听完，笑了。

在后来的谈判过程中，双方只是在价格上稍微砍了几下，就达成一致了。软银不希望做大股东，原因是他们距离中国比较远，不想控制公司，所以35%左右的股份比较合适。陈一舟答应对方要求，不过也提出要求孙正义在董事会中任职。

陈一舟总结道，第一次，千橡集团从GA拿到4 800万美元投资，但没有完成既定目标，受对赌协议约束，输了一小笔。而在第二轮与软银谈判过程中，双方似乎都在寻找志同道合、可以在同一条道上齐头并进、共同做事的合作者，因此，双方自始至终都没有提出对赌条款。

其实，大多数谈判人员经常会不由自主地犯短视症。在谈判过程中，他们紧紧围绕合同标的，尤其是价格，寸土必争。在他们眼里，1美元就是1美元，但在谈判高手眼里，1美元可能是10 000美元，也可能是他们认识对方，赢得信任的契机。

无论是在培训课上，还是在微信朋友圈里，我经常会收到学员提出这样的问题："武老师，我有一份合同马上就要签了，只差价格没谈拢。"价格固然是商业谈判的一个关键要素，并且可以直接决定眼前一笔生意的直观利益，但它肯定不是阻碍谈判成功的命门。我在《谈判兵法》一书中写道："谈判人员常常忽视很多有价值的东西，如未来订单、采购量、付款方式、交期、规格、长远合作协议、独家经营权、绩效奖励等。事实上，这种狭隘的价格观念，往往会带来得不偿失的结果。"

首席谈判官在代理人、领导者和谈判专家三重角色的转换过程中，既要为企业争取短期利益，更要关注企业长期价值。不仅如此，成熟的谈判人员不只是关注己方的价值和利益，也会兼顾对方的价值和利益，最终找到双方都认同的价值，并以此为基础，寻求双方满意的利益分配方案。

在第 1 章里，我们对首席谈判官有了一些初步认识。在第 2 章里，我们将进一步讨论首席谈判官在企业管理系统中的定位、承担的职责以及应该具备的权限。

武向阳（右）与德国效率教皇约尔格·W·科诺伯劳（左）

  首席谈判官应该成为 CEO 的左膀右臂，与 CEO 并肩参与公司经营事务，并就经营业绩对董事会负责。一方面，不同行业有不同特性；另一方面，每家企业的组织架构和工作流程都不会完全一致。

  因此，首席谈判官的职责具有多样性。首席谈判官需要了解公司的销售、市场、生产、采购、财务以及人力等方面工作。

第 2 章

职责与权限

界线对谈下的自由与决策

主管在履行职责时，首先需要为自己的活动制定明确的目标，而且目标必须直接聚焦于企业的经营目标。

——彼得·德鲁克:《管理的实践》

2009年5月11日，新华都总裁唐骏向《第一财经日报》记者披露了新华都与百威英博（AB）就青岛啤酒股份转让的谈判细节。

2008年夏天，新华都董事长陈发树授权唐骏对青岛啤酒展开深入调研。唐骏称，通过上网检索、查报表、市场调查等方式，对青岛啤酒进行考察，并与青岛啤酒董事长金志国、总裁孙明波等管理层人士进行了积极接触，"我们非常认同现在青岛啤酒管理层，认为他们应该是目前中国一流的管理团队。"

陈发树和唐骏的投资基本点是：至少进入投资企业前五大股东之列，拥有一定话语权，而不是成为小股东，变成纯粹的财务投资。但要进入前五大股东行列，并非易事。唐骏说，陈发树团队一直对青岛啤酒方面表达投资意愿，但苦于找不到机会，"美国AB提供了这个机会，我们一下子就找到了进入点"。

2009年5月7日，新华都与AB的谈判正式开始，分为两轮。第一轮，新华都说服AB，成为其买家；第二轮，双方就价格展开谈判。

上午10：30，在上海证券大厦的一家律师事务所，谈判正式开始。AB认为其买主应该为可信任的、不会对青岛啤酒造成负面影响,甚至能给青岛啤酒带来增值。新华都考虑到美国人对买主比较讲究,主谈判员唐骏详细介绍AB将青岛啤酒股份卖给新华都的几点理由:新华都不只有实力和经济能力,还有中国影响力,其战略投资理念和国际化及企业经营管理理念与众不同。"我想这些都是打动对方的重要环节吧。"唐骏说。上午谈判到12点结束,AB同意新华都为买家。

13:00,上海环球金融中心65层新华都集团办公室,价格谈判开始。AB提出,应该以前一天的收盘价21.5港元为价格基准,这是通用的国际议价模式。唐骏指出,国际谈判议价的方式有很多种,除了AB提出的方案之外,还有在收盘价基础上加一个溢价,或者以60天均价为参照。最终,唐骏提出己方的价格体系,并声称新华都董事长陈发树认同的价格是19.71港元。这显然低于AB能够接受的价格。AB的谈判代表称,公司授权给他的权限是20港元,而他必须乘坐当天下午16点的航班赶回美国,以便给夫人庆祝生日,因此谈判必须在14点结束。如果不能结束,那么下次再接着谈判。他还说,AB并不急于出售,他们可选择的出售对象有多家,也可以在二级市场抛售,或发行债券回款。

谈判进行到这种地步,唐骏找陈发树商议,表示收购并非易事,不希望出现变数。于是,唐骏表示,双方各让一步,以19.83港元签约。"对方谈判官说,如果是这样,我就是把脑袋搁在刀架上也跟你签了,因为我要回去。"唐骏说。

这位谈判官马上向上司致电,但对方身在韩国,没有回应。他转而设法联络在爱尔兰的最高层人士。由于存在时差,他只能借助邮件。14:18,在无法与AB高层取得联系的情况下,这位首席谈判官代表AB与新华都董事长陈发树签字。

唐骏说,该协议已公告,具备法律效力。AB的首席谈判官回去后,可能受到批评,但这也应该是合理价格。

表2.1 MGA理论体系

准备工作	创造价值	分配价值	后续跟进
明确授权，组建团队	搁置批评	以建立信任的姿态行事	设计一个几乎自我强制的协议
评估谈判协议的最佳备选方案（BATNA）——己方和对方的	只提议，不许诺	确认各方面都支持的价值分配标准	具体落实处理可预见的突发情况的机制
了解己方利益，并思考对方的利益所在	抓住差异，开发备选项	保持至少有两套方案处于讨论中	同意监督协议，包括度量标准
改进你的BATNA（如果可能的话）	将备选项归置到不同的方案中	请中立方建议可能的分配方案	坚持致力于加强关系
准备提出对双方都有益的方案	—	—	—

资料来源：[美]劳伦斯·萨斯坎德、哈勒姆·莫维斯著，汪海等译：《谈判长赢》，北京：中国人民大学出版社，2012年10月。

这篇报导来自《第一财经日报》。虽然早已物是人非，对错两相宜，但故事总是后人茶余饭后的谈资。事后，在一次活动中，这位首席谈判官告诉唐峻："AB 和青岛啤酒都是有着百年历史的企业，我们做事考虑的是长远价值，不希望因为这件事影响双方之间的信任。"他回到公司后，也是以这样的言辞成功说服他的上司，接受这个并不高的价格。

如果你是 AB 公司高层，看到这样的新闻，有何感想？再大胆地设想一下，如果你的谈判官在谈判过程中，出现这样的行为，你会怎么办？

建立"共赢推动谈判"理论体系

哈佛大学法学院的两位专家劳伦斯·萨斯坎德和哈勒姆·莫维斯在《谈判长赢》一书中，提到"共赢推动谈判"（Mutual Gains Approach to Negotiation，MGA）理论体系，并表示支持该理论。他们认为，这个理论是以几十年的研究为基础的，这些研究包括了几千次的实验模拟和大量的真实案例分析，跨越了多个学科和背景——从法律和商业到心理学和博弈论，从经济学和计算机科学到人类学和神经学。

MGA 在严谨的理论研究、反复应用和实践以及不断提炼和改正的基础上，提出了一个视角清晰的建议。这个建议包括了罗杰·费希尔（Roger Fisher）、威廉·尤里（William Ury）和汤姆·谢林（Tom Schelling）等众多学者的著作中的核心概念，如有效的准备工作、价值创造和价值分配及两者之间的张力、有效的跟进等。

在劳伦斯与哈勒姆的研究基础上，结合过往十多年的研究与实践，我对 MGA 理论体系进行了完善与拓展，见表 2.1。我把完善优化后的 MGA 理论体系称为 WMGA 理论体系，见表 2.2。我之所以完善这一项理论体系，主要有两方面原因。一方面，此理论是在 10 多年前提出的。自提出以来，大到全球政治经济环境，小到行业企业环境都发生了一些变化；另外一方面，我结合自己的研究成果，融汇了一些东方哲学、谋略以及谈判学方面的新内容。

表2.2 WMGA理论体系

准备工作	创造价值	分配价值	后续跟进
明确授权，组建团队	搁置批评	以建立信任的姿态行事	设计一个几乎自我强制的协议
评估谈判协议的最佳备选方案(BATNA)——己方和对方的	只提议，不承诺	确认各方都支持的价值分配标准	具体落实处理可预见的突发情况的机制
了解己方利益，并思考对方的利益所在	抓住差异，开发备选项	保持至少有两案方案处于讨论中	同意监督协议，包括度量标准
改进你的BATNA（如果可能的话）	将备选项归置到不同的方案中	请中立方建议可能的分配方案	坚持致力于加强关系
准备提出对双方都有益的方案	记录潜在价值点	有技巧地让步，让对方有赢的感觉	开发新的合作
明确双方谈判风格	探索满足对方深层次心理需求		

注：带条形底纹的内容是改进与创新之处。

第一，在准备工作环节进行的改进。英国著名哲学家培根说："在所有艰难的谈判中，谈判者不应该指望能立刻取得进展或达成协议，而应当做好各项准备工作，逐步取得成果。"在《长赢谈判》一书提出的MGA理论中，准备工作包括：一是明确授权、组建团队；二是评估出谈判协议的最佳备选方案——己方和对方的；三是（如果可能的话）改进你的最佳备选方案；四是准备提出对双方都有益的方案。在我看来，除了上述四项准备工作，我们通常需要搞明白谈判双方的谈判风格。

20世纪60年代，布莱克教授和马顿教授提出5种谈判风格：竞争型、合作型、妥协型、造就型和规避型。沃顿商学院教授G.理查德·谢尔（G.Richard Shell）在《沃顿商学院最实用的谈判课》（*Bargaining Advantage*）一书中，根据"强迫选择"理论（Force Choice）创立的症状自评量法（Self-Reporting），调整了托马斯·基尔曼冲突模式测评工具(Thomas-Kilmann Conflict Model Instruments，TKI)的陈述顺序，得出了一套谈判风格评估工具。

我们通过借助谢尔的谈判风格评估工具，可以非常快速地了解自己以及谈判团队成员的谈判风格。既然我们可以如此做到"知己"，那么我们应该如何做到"知彼"呢？针对这个问题，谢尔教授提出的建议是，在谈判过程中，从小问题或次要问题开始谈起。要么向对方提问，故意引发冲突、制造分歧；要么做出明显让步。此后，用心观察对手的言行举止，并结合谈判风格评估工具，预判对手的谈判风格。对于对手的谈判风格有了基本认识之后，再进入谈判主题或开启重要议题。谢尔教授还提醒我们，千万不要试图改变对手的谈判风格，而应该依据对手的谈判风格，努力实现己方的目标。

第二，在创造价值环节进行的改进。在创造价值环节，MGA理论提出：一是搁置批评；二是只提议，不许诺；三是抓住差异，开发备选项；四是将备选项归置到不同的方案中。我认为，除了这些行动，谈判者还需要采取两项行动：一是探索并满足对方深层次心理需求；二是记录潜在价值点。

第三，在分配价值环节进行改进。MGA理论认为，在分配价值环节，谈判双方需要做出以下行动：一是以建立信任的姿态行事；二是确认各方面都支持的价值分配标准；三是保持至少有两套方案处于讨论中；四是请中立方建议可能的分配方案。我认为，做出一些有技巧的让步，或者让对方有赢的感觉是非常关键的。这也是我从恩师罗杰先生手中传承下来的真知灼见。并且，在实际运用中，收获了良好的效果。美国谈判技巧专家卡洛斯经过一系列不同形式的实验，得出的结论是：在谈判过程中，能够有效地控制自己让步程度的一方，总能够占据谈判的有利地位。有一次，我在课堂上讲述让步能够占据有利地位的内容时，一位学员张总急不可耐地举手打断我发言。他向我们分享了一次亲身经历。

有一次，张总逛广州某红木家具卖场，遇到一套特别称心如意的客厅家具。他走到这套家具跟前，对销售员说："这套家具挺适合我的，但是价格太高了。"销售员赶紧回答："先生，我们现在搞活动，这套家具可以打8.5折。"

张总说："东西是好东西，8.5折还是贵了，再便宜一些。"

销售员说："看您的动作，应该是识家，8.0折给您吧。"

张总心中暗喜，一句话，她就给我让了0.5折，有戏呀！

于是，他说："即使如此，这套家具也要30多万，可是我一年的收入呀，太高了。"

销售员说："您瞧这质地，可是优等品，最多7.5折，不能再低了。"

在接下来的谈判过程中，张总找出各种理由，向销售员描述他的困难。销售员从7.5折，降到7.0折，再降到6.5折、6.3折，直到6.2折时，销售员再也不肯让步了。销售员说："我不能再让了，再让下去，老板会炒我鱿鱼的。"

张总说："我也不难为你了，我给你老板通个电话吧，他应该很高兴接听顾客的电话。"销售员思考了一下，说："还是我来打吧。"张总看着她拨通了老板的电话:"有位顾客还了很长时间价,给他 6.2 折,他还要再便宜……嗯,好吧。"销售员放下电话对张总说:"您的执着感动了老板,他同意 6.1 折,再额外赠送您一套保养用品。"

张总说:"你的老板真小气,才让 0.1 折。"

销售员说:"我们以前真的没有以这样低的折扣出货的。"

张总说:"我不买了。"说完,转身往店门口走去。销售员一看张总要走,赶紧说:"您真是砍价大师,算了,6 折卖给您吧。我们可是一分钱都没有赚您的呀。"张总觉得花不到 20 万元买到一套 30 多万的红木家具,也不会亏到哪里去了。

事后,张总通过朋友了解到,红木家具的价格水分之多,超乎大多数人的想象,成交价格有时只有吊牌价的三四成。

通过张总的案例,我们发现,销售员的让步幅度在缩小。虽然张总表面没有答应购买,但其在心里已经做了让步,并且,让步的幅度也是越来越大的,直到达成交易。在这一次次让步过程中,销售员给了张总一个错觉,好像每一次让步都是张总争取过来的,其实则不然。销售员之所以不会一步让成 6 折,是因为他知道,太容易得到的东西,往往不具有价值。即使得到了,也不会有赢的感觉。

第四,后续跟进环节的改进。MGA 理论认为,在此环节,谈判者需要做的动作包括:

一是设计一个几乎自我强制的协议;二是具体落实处理可预见的突发情况的机制;三是同意监督协议,包括度量标准;四是坚持致力于加强关系。

我在研究中发现,这四项动作都是围绕如何履行既定合约而展开的活动,但我们更加需要培育或开始新合作机会。新合作机会可能来自于

前面第二个环节中的潜在价值点或深层次心理需求，也可能是全新的合作项目。

总之，企业在建立"共赢推动谈判"理论体系过程中，首席谈判官需要担负主要领导职责。同时，通过内部培训与谈判实践，把这一理论体系植入到企业文化，成为谈判型组织建设的一个重要方面。

首席谈判官的五大职责

2004年10月1日，美国德鲁克档案馆举办了一场"智者对话"，著名管理大师彼得·德鲁克精辟地阐述了21世纪首席执行官（CEO）的职责。令人遗憾的是，这成了他留给人类的最后智慧。他在演讲中提到："CEO要承担责任，而不是'权力'。你不能用工作所具有的权力来界定工作，而只能用你对这项工作所产生的结果来界定。CEO要对组织的使命和行动以及价值观和结果负责。最重要的就是结果。有鉴于此，CEO的工作因他所服务的组织不同而有所不同。"他还认为，组织内部产生成本，而结果则出现在组织外部。

在我看来，首席谈判官应该成为CEO的左膀右臂，与CEO并肩参与公司经营事务，并就经营业绩对董事会负责。一方面，不同行业有不同特性；另一方面，每家企业的组织架构和工作流程都不会完全一致。因此，首席谈判官的职责具有多样性。首席谈判官需要了解公司的销售、市场、生产、采购、财务以及人力等方面工作。尽管不同企业的首席谈判官会被赋予不同的职责，但大体而言，这些职责可以被划归为以下几个方面。

参与制订与执行公司年度经营战略。 在企业经营过程中，每年都会制订年度计划。通常情况下，制订计划的流程是一个自基层逐级向上传递到高层的"逆流过程"。最终，以首席执行官或总裁为首的企业经营层共同讨论，提炼企业年度经营计划，并与各部门或子公司确认年度经营指标。在这个自下而上，又自上而下的过程中，首席谈判官需要仔细研读各部门和子公司提报的年度经营计划以及谈判需求，如大客户开发、供应商合作、关键岗位人才引进的薪酬谈判等。

　　根据总体经营战略，提炼、执行年度谈判计划及反馈。就大多数公司而言，公司的经营战略不仅包括销售额、利润总额、人力成本、管理费用等定量指标，也会包括销售额增长率、利润率及增长水平，人力成本控制水平等比率指标。首席谈判官需要针对某业务单元的指标，和业务负责人或团队，共同制订谈判计划。比如，为了降低某项材料的采购成本，如何与数家材料供应商谈判？如何排列谈判的先后次序？一项完整的谈判计划可以划分为三个环节：调研与策划环节、落实执行环节与反馈控制环节，见图2.1。在图2.1上，提炼经营指标是一个关键环节。首席谈判官与业务团队共同参与讨论，明确这项指标的意义以及要求，解决团队往哪里打的方向性问题。外部环境分析与内部环境分析则是要借助SWOT分析工具，认清敌我形势以及战场情况。而目标则是告诉我们，打到哪里去。策略提供兵力配置，把战役划分为战斗的一个过程，同时提出战斗计划。落实谈判计划，并提出反馈与控制。

　　针对谈判需求搭建团队，并进行培训与指导。在一个组织内部，谈判团队的成员可以划分为专职人员、内部兼职人员以及外部专家。吉利为了完成沃尔沃并购，组建了一支超过200人的谈判团队，包括李书福、童志远、袁小林等专职人员；从其他部门抽调过来的内部兼职业务人员；德勤事务所、罗兰贝格公司、博然思维公关公司等专家团队。

　　我们在第3章，展开讲述谈判团队组建、培训等内容。

　　推广谈判文化，传播谈判理念。小型企业依赖人员管理人员；中型企业依赖制度管理人员；大型企业依赖文化管理人员。无论对于个人，还是对于企业组织而言，文化都是人们的思维方式、说话方式和行动方式。其实，在很大程度上，这些东西是一个群体在潜意识里的共识，是无法被说明的。IBM前CEO郭士纳说："我在IBM学到的：文化就是一切。"由此可见，独特的企业文化可以对企业业绩带来巨大影响，也是竞争对手最难以复制的竞争优势。

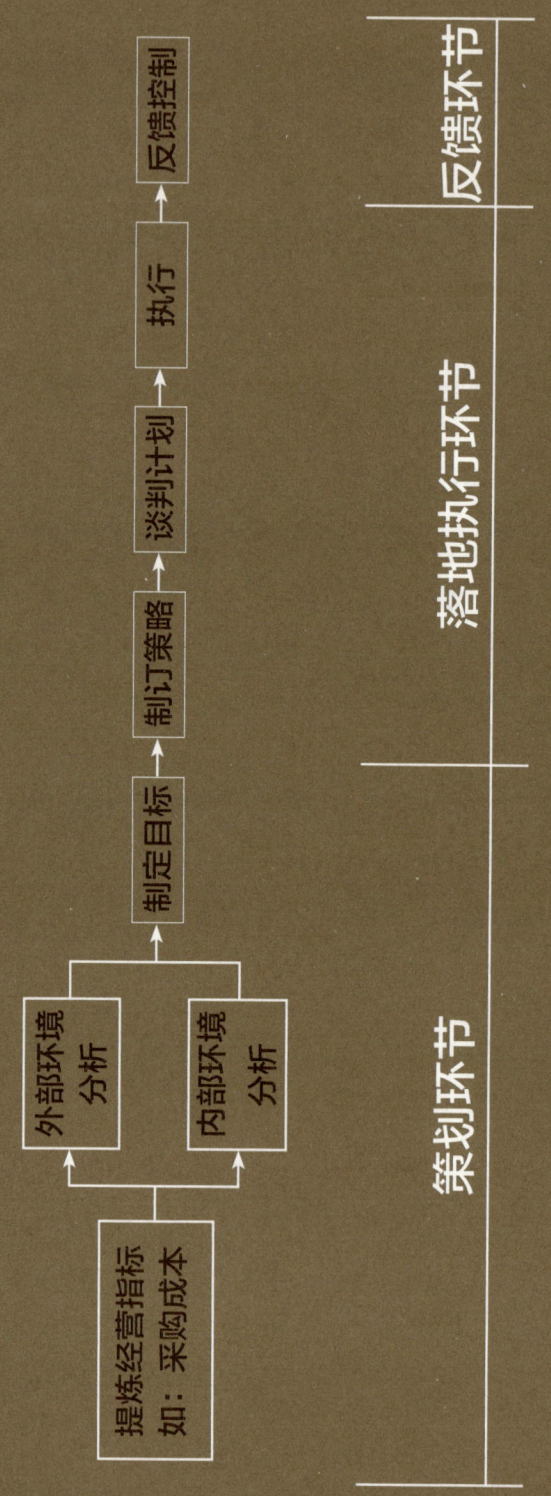

图2.1 谈判计划执行的三个环节

华为以奋斗者为本，尊崇狼性文化，但这样的文化只属于华为，其他企业难以移植。许多从华为出来的中高层员工选择创业，试图复制华为的企业文化，都以失败告终。乔布斯在苹果公司建立了挑战者文化，即"现实充满未知"，使苹果公司成为全球最有价值的公司之一。艾伦·穆拉利（Alan Mulally）在福特汽车公司创造了"齐心协力"的企业文化，重振汽车巨人昔日雄风，逆转市场份额下滑趋势。

美国著名心理学家麦克利兰于1973年提出影响力巨大的素质冰山模型，将人员个体素质的不同表现形式划分为露出水平面的部分和深藏在水平面以下的部分，见图2.2。其中，水平面上方部分表示一个人的外在表现，是一些容易了解与测量的基本知识或基础技能。水平面下方部分表示一个人的内在因素，是一些难以测量的社会角色、自我形象、特质、价值观和动机等。水平面下方部分的价值观和动机等方面深刻地影响着水平面上方的行为、技能等内容。

把谈判注入企业文化，通过"冰山模型"的水下部分影响到水面上方的行为。也就是，通过推广谈判文化，潜移默化地提升员工的谈判技能。

谈判文化是一种积极进取、勇敢争取的开放文化。它的内涵主要体现在以下几个方面：

1. 敞开心扉，坦诚沟通；
2. 公平，公开，用数据和事实说话；
3. 积极进取，争取利益最大化；
4. 敢于竞争，挑战困难。

知名作家龙应台在《文化是什么》一文中写道："人本是散落的珍珠，随地乱滚，文化就是那根柔弱又强韧的细线，将珠子穿起来，成为社会。"任何一个组织都是一个小型社会，每个人何尝不需要文化这根细线串联起来呢。

推动谈判型组织建设。 全球领导力大师沃伦·本尼斯给《谈判长赢》一书写的推荐序中提到，谈判不光是个人先天禀赋或后天习得的能力，也是组织的一种系统性能力，深深植根于组织文化之中。换句话说，它

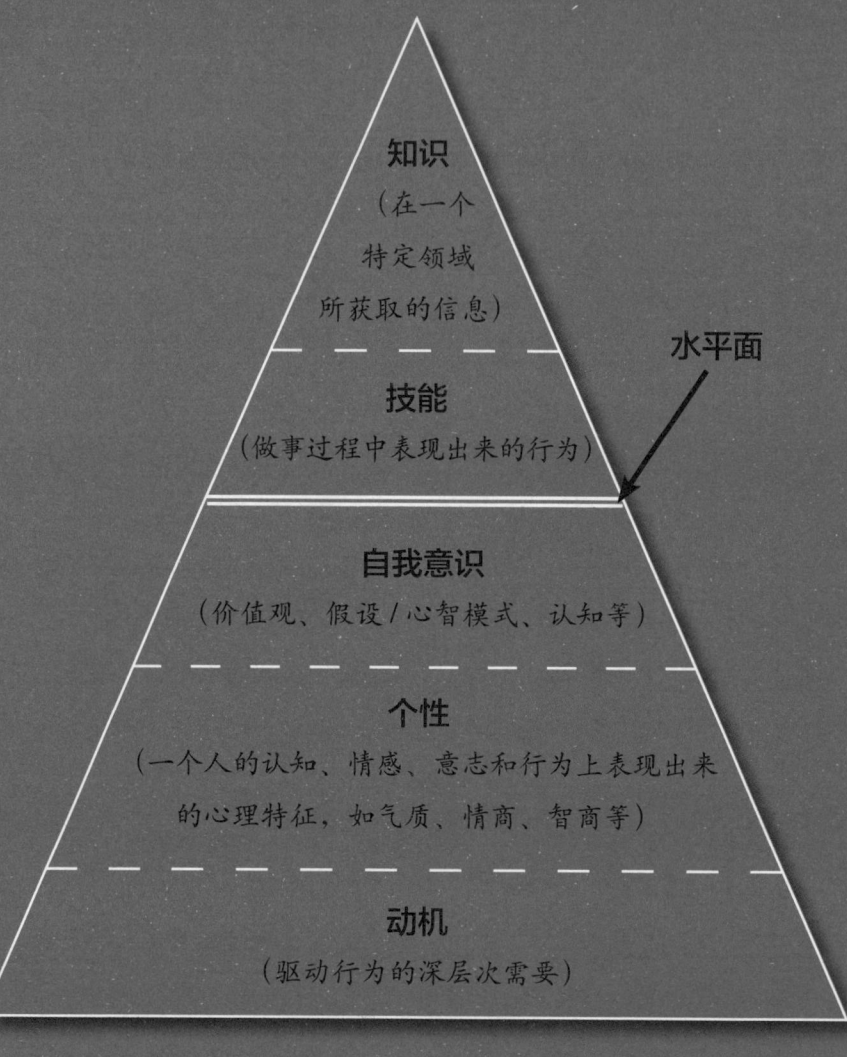

图2.2 能力素质冰山模型

必须被看做是一种企业的核心能力。

上述五项职责具有普遍性指导意义，首席谈判官还需要承担一些其他职责。当然，不同企业需要根据自身实际经营情况，明确设置具体的岗位职责。

受权与授权的艺术

早在两千多年前，授权的观点就出现了。《韩非子·八经》一书写道："下君尽己之能，中君尽人之力，上君尽人之智。是以事至而结智，一听而公会。听不一则后悖于前，后悖于前则愚智不分；不公会则犹豫而不断，不断则事留。"

这段话的意思是，下等的君主竭尽自己的才能，中等的君主竭尽别人的力量，上等的君主竭尽别人的智慧。因此，遇到事情时，就要集中众人的智慧，一一听取大家的议论，然后把大家的意见集中起来。如果君主不一一听取大家议论，臣下后来发表的意见就可能悖于原先的看法，这样君主就不能分清臣下的愚智。如果君主不把大家的意见都集中起来，自己就会犹豫不决，事情也就得不到及时处理。

其实，首席谈判官在履行上述五项职责时，除了掌握熟练的谈判技能和拥有丰富的谈判经验之外，更需要学会运用授权法则。首席谈判官的权力来自于董事会或经营层高管，同时需要把权力分配给谈判团队全职成员或兼职成员。

首席谈判官接受组织授权，成为受权者时，需要"三思而后接受"。

首先，一项授权具有怎样的时效性？无论负责一个常规项目，还是一个临时活动，授权都隐含着时效性。当项目收尾验收过后，与之对应的权力也会自动终止。无论项目成败，都会转头成空。我们进行必要的回顾与总结过后，就要立刻着手寻找下一项新项目，准备接受一项新的授权了。其次，这项权力的边界在哪里？大多数情况下，谈判团队会包括高级别领导者或技术专家，他们的职级或职务可能会高于首席谈判官。

遇到这种情况，我们就要区分清楚权力的边界了。最后，别浪费权力。在授权者看来，接受权力的一方在行事过程中，束手束脚，推来推去，要么是能力有限，要么是不求上进。授权者一旦发现这样的苗头，多半会怀疑自己的眼光，甚至会提前收权。

总之，首席谈判官既要成为优秀的"受权者"，更要成为优秀的"授权者"。否则，再能跑的千里马，也有累趴下的时候。著名管理行为大师、"授权法则"创始人布利斯认为，一名好经理的助手总会带着一副烦忧的面孔。他的意思是，称职的管理者总是能够充分调动下属的积极性，使下属承担更多工作，面露疲惫之态。他提出以下几条"授权法则"。

法则一，就近法则。给直属下级授权，不要越级授权。我们应该把权力授予最接近目标决策和执行的人员。通常情况下，谈判团队包括专职成员和兼职成员。因此，首席谈判官应该充分考虑不同成员的利益与谈判目标的相关度，再进行授权。

法则二，授要法则。授予下属的权力应该是下级在达成目标过程中最需要的权力和能够解决实质性问题的权力。

法则三，明责授权。授权要以责任为前提，授权同时要明确其职责，使下属明确自己的责任范围和权限范围。我与学员交流过程中，经常听到大家反映一种情况——非常明确地交代某位员工负责某件事情，但在执行过程中，他总是不断请示与请求决策。其实，这种情况之所以在不同企业中频繁出现，主要是因为员工领受了职责，而权力却停留在老板手中。就好比你自己是一位指挥千军万马的将军，命令一队人马攻占前方山头，却没有分发给他们枪支弹药。当然，权力似洪水猛兽，过犹不及。我们既要防止出现超出责任人能力范围的过度授权，也要防止出现超出职责范围的过度授权。

法则四，动态法则。依据不同环境，不同目标责任，不同时间以及任务的不同阶段，调整授予的权力。通常情况下，管理者需要在相互尊重的基础上和团队成员建立信任关系，然后再遵守四项法则，实施授权。

哈佛商学院教授、《真北》作者比尔·乔治认为，就像忠诚一样，尊重也是授权的重要基础。要想建立这一基础，你必须通过自己的努力来实现。他提出四种方法赢得团队成员的尊重。

1. **平等待人**。人们总是会尊重那些能够平等对待自己的人，尤其是那些本身已经获得巨大成就的人。就像沃伦·巴菲特一样，无论他与世界首富比尔·盖茨，还是与在校大学生进餐，他总是会吃同样的三明治，喝同样的樱桃可乐。
2. **做一名优秀的聆听者**。我们总是很感激那些懂得聆听我们的人，感激那些真正用心倾听我们的人。积极聆听是那些懂得授权的领导者最重要的特点之一。
3. **懂得学习其他人的长处**。著名领导力大师沃伦·本尼斯在80多岁时，每年都会参加南加州大学本科新生的迎新会，他时常告诉学生："我知道自己可以从你们那里学到很多东西。"刚开始，每个人简直不敢相信自己的耳朵，但他们很快发现，自己所提供的反馈的确可以帮助本尼斯更好地理解年轻一代的想法。
4. **分享人生经历**。当领导者敞开胸怀，讲述自己的故事，暴露自己的脆弱时，他们身边的人同样也会愿意分享自己的人生经历。借助这些柔软的事例，拉近双方的距离。

受权与授权原本就是复杂的事情。首席谈判官的定位比较独特，事情会变得更加复杂。因此，首席谈判官需要一个招之即来，挥之即去，零整结合的高效团队。

在本章中，我们阐述了改进后的WMGA理论体系、首席谈判官的五大职责以及受权和授权的法则。在第3章，我们将阐述如何搭建谈判团队。

武向阳（左三）出席东盟-中国工商总会谈判顾问聘任仪式

> 谈判部作为一个独立部门，满足公司内外部的谈判需求，传播谈判理论，牵头建设谈判型组织。谈判部应该成为企业运营体系中一个常设部门，具有清晰的经营计划，明确的绩效考核指标体系。

第3章

组建谈判部门
谈判是一项合作型事业

当我想做一件事情时,我首先会在公司里找到自己需要的人,然后给予他们充分的信任。在日常工作中,我最关心的是如何建立一支优秀的团队,然后让他们来领导公司。

—— 比尔·乔治:《真北》

战国后期，秦王嬴政计划消灭楚国。

在朝堂之上，他问大臣们，多少兵马可以消灭楚国。众大臣低声议论，老将王翦认为"非六十万人不可"，而年轻气盛的李信将军认为"不过用二十万人"。秦王认为王翦老矣，于是派李信和蒙恬率领二十万精兵，南下攻楚。结果损兵折将，反被楚兵攻至自家门口。

秦王赶紧拜访称病卸甲的王翦说："将军虽病，独忍弃寡人乎。"王翦回答："大王逼不得已用臣，非六十万人不可。"秦王答应。

王翦带兵迎击楚军，安营扎寨，给士兵吃好的，玩投石游戏，与士兵聊天。无论楚军如何骂阵挑战，秦军概不出战。过了一些日子，楚军粮草支撑不下去了，开始退兵。王翦举兵追击，大破楚军，杀楚将，灭楚国。

这个历史故事告诉我们，开始组建团队时，我们需要认真思考三个问题：

一是需要多少人。在不同人看来，一件事情的难易程度是不同的。我们在策划一场谈判，也需要根据实际情况调整人员。一项收购谈判，标的公司提供了一份复杂的财务报告，我们需要配备多一些人力，才能得出评估报告。一项技术转让谈判，我们可能需要多一些技术力量。

二是最优规模。在考虑团队规模的问题时，我们又需要从两个方面进一步展开。首先，你任命的首席谈判官的领导力怎么样？他在此之前管理过多少人的团队？取得过怎样的业绩？必要时，可以找到他之前的上级与下属，调查这方面的情况。其次，根据团队承担的任务不同，最优规模也不是固定不变的。沃顿商学院管理学教授珍妮佛·S.缪勒（Jennifer S. Mueller）是团队规模研究领域的专家，在经过大量深入细致的研究后，她发现，如果团队应对的是协调任务和激励事宜，那么，六个人是最佳团队规模。但在大多数管理大师看来，团队最佳规模并无定数，而应该依据不同的团队类型来确定，但规模控制在 5~12 人的范围内，通常会收获比较好的结果。

三是招人容易带人难。在培养人员方面，首席谈判官有没有清晰的计划？或者他们希望当甩手掌柜，还是事必躬亲呢？《亮剑》中李云龙带出来的兵都能够打硬仗，但也容易违反纪律。因此，带人也是考量首席谈判官的一个方面。

谈判部门的定位与组织结构

有一天，子路问孔子："卫国国君请你去治理国家，你首先会做什么？"孔子回答："必也正名乎！"孔子回答完，见子路满脸疑惑，于是接着解释："名不正则言不顺，言不顺则事不成，事不成则礼乐不兴，礼乐不兴则刑罚不中，刑罚不中，则民无所措手足。故君子名之必可言也，言之必可行也。"这段话的大概意思是，君子一定要定下一个名分，必须能够说得明白，说出来也一定要能够行得通。

在现代企业运营体系中，财务、人力资源等职能部门都已经成为必不可少的部门，而谈判部门团队则是一个十分新颖的概念。如果财务部主要承接首席财务官（财务总监）的工作落地执行，人力资源部主要承接首席人才官（人力资源总监），那么，谈判部则主要负责承接首席谈

表3.1 在设计适当的组织结构时管理者需要回答的六个关键问题

关键问题	指标
1. 把人物分解成各自独立的工作应该细化到什么程度？	工作专门化
2. 对工作进行分组的基础是什么？	部门化
3. 员工个人和工作群体向谁汇报工作？	命令链
4. 一位管理者可以有效地指导多少个员工？	控制跨度
5. 决策权应该放在哪一级？	集权与分权
6. 应该在多大程度上利用规章制度来指导员工和管理者的行为？	正规化

资料来源：[美] 斯蒂芬·罗宾斯、蒂莫西·贾奇著，孙健敏、王震、李原译：《组织行为学》，北京：中国人民大学出版社，2016年12月。

判官的工作落地与执行。在研究谈判部的定位与设计过程中，我查阅了大量管理学著作，终于在罗宾斯的《组织行为学》一书中，找到了设立谈判部的理论依据与可落地执行的方法。罗宾斯认为，管理者在设计组织结构时，必须考虑六个关键因素：工作专门化、部门化、命令链、控制跨度、集权与分权、正规化，见表3.1。

工作专门化。 20世纪初期，亨利·福特通过给每一位员工分配特定的、重复性的工作，设计了流水线生产模式，每10秒钟就可以生产一辆汽车。罗宾斯用工作专门化（Work Specialization）描述组织中把工作任务划分成若干步骤来完成的细化程度。因此，我们也需要把谈判这类工作进行专门化操作，以提高谈判工作的效率。

部门化。 我们通过梳理，把谈判职能以及相应工作进行细分，实现专门化。然后，我们可以以此为基础，设立专业的谈判部，把谈判需要的财务人员、法务人员、技术人员以及文秘人员分配到一个部门。

命令链（Chain of Command）。这是一种不间断的权力路线，从组织最高层向下延伸到一线基层，澄清谁向谁汇报，谁对谁负责的问题。在设置命令链时，我们需要遵守两条原则。第一条原则是权威性原则，指管理职位所固有的发布命令，并期望命令被执行的权力。首席谈判官在行使职责，完成任务时，也会被授予一定的权威。第二条原则是命令统一性原则，有助于保持权威链条的连续性。它意味着，一个人应该对一个主管负责。尽管罗宾斯认为，随着互联网技术的迅猛发展，信息在组织内部的共享性质被充分发挥出来，随之出现了一些自我管理团队、多功能团队和包含多个上司的新型组织设计思想。并且，新型组织也得到了越来越多企业的认可，但我认为，在设计组织结构时，保持命令的统一性仍然是一个重要原则。

控制跨度。 一个主管可以有效管理多少个下属？首席谈判官可以有效管理多少人的谈判部？这个问题与团队的最佳规模是相同的，因此，在此不再赘述。

集权与分权。 我们在第2章节讨论授权与受权时，主要针对首席谈

表3.2 谈判部门的矩阵结构设计

人员＼部门	销售部	人力资源部	采购部	财务部	投资部	其他部门
首席谈判官	√	√		√	√	
技术专员	√		√	√	√	
商务专员	√		√	√		
法务专员		√		√	√	
行政文秘专员	√		√	√	√	
翻译专员	√		√			

注："√"表示此岗位与对应部门的关联度较大。

判官的权力设计。在这里，我们围绕谈判部的权力设计展开讨论。集权化管理是指谈判部的决策权力集中于一点，进行统一管理。分权化管理则是把决策权交给基层员工，允许他们自主决策。近年来，分权式管理被越来越多组织接受并应用。

正规化。这是指对组织中的工作实行标准化的程度。从事正规化程度较高岗位的人，在工作内容、工作时间和工作方法等方面没有太多的自主权限。但对于谈判及相关工作而言，正规化往往会比较弱，但这并不意味着我们放弃正规化。

通过考虑上述六个关键因素，我们可以把组织内部与谈判相关的工作内容梳理清楚，并归类到一起。接下来，我们继续沿着罗宾斯的思路，设计谈判部的组织结构。罗宾斯在《组织行为学》一书中，提出三种组织结构：简单结构、官僚结构和矩阵结构。我脑袋里装着这三种结构，实地调研了众多学员企业。我发现，矩阵结构非常适合谈判部的定位，也非常有利于谈判部开展工作。

实际上，矩阵结构整合了人事、财务等职能部门和销售、采购等业务部门的部分工作内容，见表3.2。一方面，矩阵结构有利于厘清企业内部的谈判需求，通过统筹规划，实现企业利益最大化。另一方面，在整合技能的过程中，打破了无形存在的部门墙，充分发挥成员的专业价值，实现谈判目标。

在本书中，谈判部作为一个独立部门，满足公司内外部的谈判需求，传播谈判理论，牵头建设谈判型组织。谈判部应该成为企业运营体系中一个常设部门，具有清晰的经营计划，明确的绩效考核指标体系。

谈判部的岗位设置

谈判是一项复杂的系统工程。结合袁其刚、王东升、王军旗、张弘等众多专家的研究成果和我过去10多年的实战经验，我认为，谈判部应该由技术专员、商务专员、法务专员和行政文秘专员组成，由首席谈

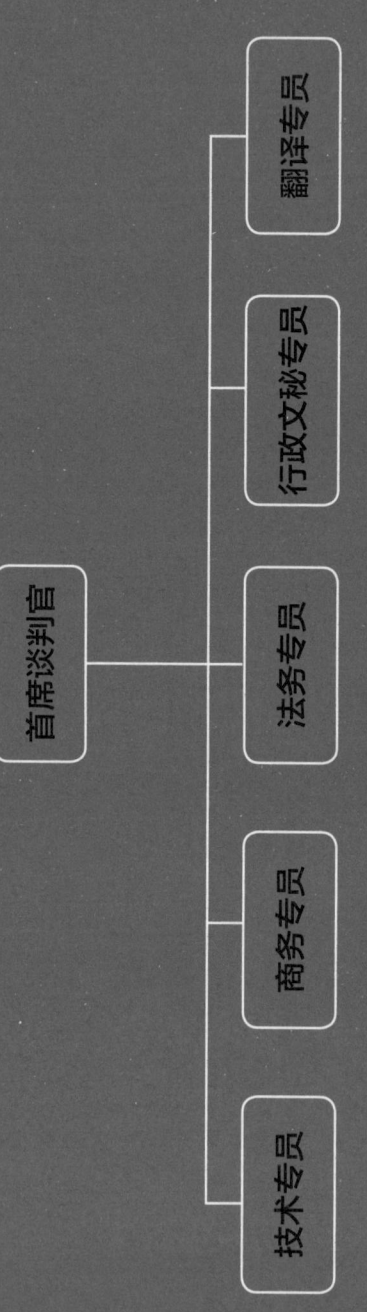

图3.1 谈判部岗位设置

判官负责管理，如图3.1。如果跨境业务占据业务总量的比例较大，还应该设立专职翻译人员。首席谈判官的岗位职责在第2章已经详细阐述。

技术专员要熟悉本行业的生产技术水平以及发展前沿、产品特性、原材料特性等技术方面的知识。在谈判过程中，从技术层面判断己方或对方的履约能力，与对方探讨专业问题，提出可行的技术方案或替代性方案，给首席谈判官作决策提供专业论证。

商务专员要熟悉谈判项目的财务情况以及盈亏状况，了解双方的价格信息。尤其当双方调整价格、标的数量、交期等核心条款后，商务专员需要迅速分析双方的收益变动情况，为首席谈判官提供建议。

法务专员负责审订谈判双方的法人地位，了解谈判项目的法律许可范围，准备或审核相关法律文件。如果谈判双方产生了法律纠纷，法务专员能够依据有关法律，为己方争取利益，维护权益。如果企业聘请了专业的法律顾问或律师，那么这些人员可以当做法务专员。不过，我的建议是，企业在设立谈判部时，应该配备专业的法律人员。

行政文秘专员负责联络双方时间、地点等具体信息，整理谈判记录，保管谈判资料，督办重要事项等工作。

翻译专员是一个或有岗位，依据谈判对象而定。其实，如果在选聘行政文秘专员时，考虑到了翻译事项，并且把翻译工作明确写进行政文秘专员的工作职责说明文件，这也不失为一个一箭双雕的解决方案。

除了上述专职岗位之外，在实际运营过程中，谈判部也需要邀请一些兼职人员。兼职人员又分为两类：一类来自于公司内部其他部门的成员，临时参与某个谈判项目；另一类来自于公司外部，可能长期担任专业的咨询顾问，或者短期参与某个项目。

"跨界团队"四大管理秘诀

无论是谈判部，还是某个项目谈判团队，都是由技术、财务、法律等几方面专业人士组成。多数成员带有不同的知识背景，各自在不同的

知识圈子里工作，使用的专业语言也不尽相同，沟通与交流会面临非常大的挑战。在这样的跨界团队中，成员很容易在行使职责过程中，坚持自己的专业见解，难以听取他人的"外行"意见。如此一来，整个团队陷入意见漩涡，每个人都感觉很累，又感觉不到自己的存在价值。就像著名诗人约翰·戈弗雷·萨克斯（John Godfrey Saxe）所说："每一个人都是部分正确的，但加起来，结果却是错误的。"

我经常在首席谈判官与谈判兵法的培训课堂上，穿插一些领导力、团队管理、执行力等方面的内容。打个比方，我是北方人，从小喜欢吃面条。评判一碗面条，一方面，看面条本身的劲道和光滑度；另一方面，就是看汤汁的味道。

同理，我研究谈判培训内容也是如此。一次课程学习下来，谈判相关的内容就是"面条"，而管理、沟通技巧，甚至夫妻相处之道，这些都是课堂的"汤汁"。在我看来，首席谈判官就是领导者，需要掌握与运用一些管理知识、领导力以及执行力等内容。通过研究谈判团队与销售、职能等团队的管理技能，我提炼了带领谈判团队的四点秘诀。

秘诀一，让使命、愿景和价值观落地生根。关于三者的关系，马云在一次云栖大会上有过精彩的阐述。"让天下没有难做的生意。"这正是马云团队确立的使命。使命可以是一些理念性的内容，充满感召力，但愿景应该是一些具体的、可达成的阶段性规划。阿里巴巴成立初期，马云提出要让企业存活80年，成为全球十大网站之一。

10年过后，他们把"全球十大网站之一"这条愿景变成了现实。他们也把80年，修改成为102年，他们认为，这样就可以跨越三个世纪。在马云看来，价值观是他带领团队一路走过来的操作方法，并不是虚无缥缈的东西，而是可以考核的具体内容，如诚信、客户第一、拥抱变化等。

那么，对于一支谈判团队而言，使命或许可以让谈判实现共赢，愿景则需要依据所在企业的愿景规划得来，价值观则可以从企业文化中提炼得来。

秘诀二，营造信任的氛围，拉近心理安全距离。谈判团队是一支由技术、财务、商务、行政等不同专业背景的专业人士组成的。大多数情况下，人们不愿意在不熟悉的领域班门弄斧，贻笑大方。开始一轮培训时，我首先会把班级成员划分成为不同的小组。然后，我会让大家在小组内部进行一轮自我介绍，让大家对同小组的成员有一个初步的认识，营造信任的氛围。

秘诀三，鼓励知识共享。技术或专业实无高下之分，只有分工不同。在同一个团队里，让每一个人都有机会展示本领，与大家分享知识。不仅如此，首席谈判官还应该鼓励大家分享他们的思考过程，为什么做出这样的方案？为什么给出这样的专业建议？这样一来，大家不仅会知其然，也会知其所以然。

秘诀四，从"路线图"到"干中学"。面对复杂的项目，我们倾向于绘制一张"蓝图"，然后，依此执行及进行过程管理。对于任务和分工明确的项目，路线图的确是一种行之有效的实施方法，但对于完全陌生或跨行的项目，我们会发现，制定路线图并不是一件简单的事情。

那么，遇到这种情况时，我的建议就是"干中学"，在"干"的过程中，不断回顾与总结，积累经验值和数据。等到项目结束后，认真总结，并形成一套简单易用的模板，以便于再遇到此类项目时，团队成员可以按图索骥，快速达成结果。

这是我在经营实际过程中，针对"跨界型团队"提炼的四条秘诀。在执行过程中，我们切不可全套照搬、生搬硬套，要根据实际情况因地制宜。

让团队跨越文化，高效沟通

2017年5月14日至15日，"一带一路"国际合作高峰论坛在北京成功举办。此次盛会取得了丰硕成果，中国国家主席习近平在高峰论坛上的系列讲话传向世界各地。人民网通过梳理习近平主席在开幕式上的演讲、欢迎宴会上的祝酒词以及论坛圆桌峰会上的开幕词、闭幕词，

得出了"合作""发展""建设""共同""文明""开放""金融""人民""贸易""和平"这10大高频词，并进行了一一解读。

"合作"排在首位，共被提及了128次。习近平主席指出，在各国彼此依存、全球性挑战此起彼伏的今天，仅凭单个国家的力量难以独善其身，也无法解决世界面临的问题。只有对接各国彼此政策，在全球更大范围内整合经济要素和发展资源，才能形成合力，促进世界和平安宁和共同发展。自"一带一路"倡议提出四年来，中国同40多个国家和国际组织签署了合作协议，同30多个国家开展机制化产能合作。本次论坛又签署了32个双边、多边合作文件以及企业合作项目，进一步扩展了合作的范围和领域。在此期间，我受东盟－中国工商总会邀请，前往泰国参加东盟－中国企业家高端峰会暨"一带一路"论坛，并被聘任为东盟－中国工商总会谈判顾问。

跨文化沟通有两层意思。第一层意思是说，中国企业在国家层面，政府引导下，正在加强与世界各地的商业往来，我们需要与不同文化背景的人或企业打交道。第二层意思是说，我们在组建谈判团队时，可能需要邀请不同文化背景的专业人员加入。就像吉利收购沃尔沃的谈判过程中，他们的谈判团队超过200多人，包括中国人、美国人、欧洲人等。不同文化背景的人如何在一个团队里高效工作？沟通就是一个大问题。

在本节，我们首先讨论如何解决同一个团队内部跨文化沟通的问题。采戴尔·尼利（Tsedal Neeley）在《哈佛商业评论》发表过一篇文章，阐述了她研发的可以辨别并缩短社交距离的理论体系——SPLIT。五个字母分表代表一部分：结构(Structure)、流程(Process)、语言(Language)、身份（Identity）和技术（Technology）。这五种因素都可能会拉远社交距离，阻碍团队合作。而尼利正是从这五个方面，让团队成员跨越文化障碍，有效沟通。

匹配结构和权力。有一次，我实地调研一家学员企业，遇到一件很有趣的事情。在他们公司的销售部门里，共有三名销售经理，但只有一名销售助理。通常情况下，销售经理有权力安排助理的日常工作。但在这个团队里，情况恰恰相反，助理难以应付三位经理的折磨，况且某位经理时常忘记曾经交代的事情。我们在设置团队结构和权力时，需要尽量避免职责与权限不对等的情况发生。

设计沟通流程时，不妨给同理心一些余地。有一次课间，我捧着水杯到热水间接开水，遇到一位学员，就此情景聊了几句。她问我："武老师，你会不会经常看到员工利用接水的机会，站在饮水机旁边聊天，话题甚至包括个人生活或私事？"我在接水瞬间，想了一下说："的确，遇到过这样的情况。"她说："我很反感这样的行为，提醒过几次后，员工见了我，就像老鼠见了猫。"我说："换个角度看，这是好事，说明你的团队的凝聚力很好。他们愿意打开心门，聊一些私密话题，可以看出他们彼此产生了同理心。遇到正式场合，或者面对有挑战性的任务时，他们的沟通会更加有效，凝聚力更强，完成任务的概率也会更大。"

对于拥有同理心的谈判团队，更是如此。在正式谈判场合，双方的团队成员都不方便用言语交换看法时，一个眼神足以准确传递信息。这样的眼神交流自带"密码"，且对手根本无法破解。

因此，团队沟通流程可以明确划分为以下几个时段：日常反馈时段、轻松交流时段、讨论异议时段。首先，在日常反馈时段里，成员及时把收集到的信息、新情况、新指示等内容分享给团队其他成员。会议是一种有效的反馈方式。即使大家没有在一个地方工作，也可以通过视频、电话等技术手段，完成会议反馈。我不建议通过微信群、QQ群等即时通讯软件的留言或语音方式，反馈信息。实际经验告诉我，总有一些成员有意或无意忽略信息。其次，在轻松交流时段里，大家可以随意聊一些话题，比如彼此问候，关心或者询问一些生活方面的信息。也可以讲一些有趣的事情，分享一些知识。在这个时段里，领导者最好不在场，或者不公开发言。最后，在讨论异议时段，领导者就要鼓励持有不同意见的成员发表意见，听取另一方的意见。

了解成员的语言天赋。三国时期，诸葛亮只身赴吴，舌战群儒，说服吴国联合蜀国抵抗魏国。试想一下，如果你的团队里出现了一位"诸葛亮"，他发挥自己的语言专长，说服其他成员接受自己的意见。这并不见得是好事。

在沟通过程中，领导者需要时常鼓励不善言辞的成员和内向型成员，他们通常不会主动发表意见，但思考问题却很缜密。

如果你的谈判团队由说中文、英语、日语、法语等不同语言的成员组建而成，那么，还要关注他们掌握语言的熟悉程度。采戴尔·尼利及罗伯特·卡普兰在《哈佛商业评论》发表过一篇文章《你们公司有语言战略吗》。他们通过研究全球化团队，发现来自不同母语的成员对团队通用语言的流利程度不同，社交距离可能会因此拉大。在把英语作为工作语言的团队里，不擅长英语的成员通常会比较拘谨，甚至会退缩。对此，领导者需要有意限制强势方，鼓励弱势方。

认识成员的身份，寻找共鸣点。物以类聚，人以群分。我们可以通过很多种变量，寻找共鸣点，比如年龄、性别、祖籍、爱好、家庭成员等。我有两位可爱的女儿，所以，与朋友们聊天时，特别容易在这方面"中招"。比如，有些朋友和学员了解到这一信息，就会以此拉近与我的社交距离，然后就一些疑难问题，征求我的建议。

技术手段是一把双刃剑。微信、QQ、电子邮件的确方便成员及时表达意见，可以提升沟通效率，但却抹杀了部分表情、语气、动作等情境要素。美国口语传播学者雷蒙德·罗斯（R. Rose）认为，在人际传播活动中，人们所得到的信息总量中，只有35%是通过语言符号传播的，而其余65%的信息是通过非语言符号传达的，其中仅仅面部表情就可以传递65%中的55%的信息。由此看来，文字能够传递的信息是十分有限的，且容易产生异议。所以，我们在安排团队沟通时，尽量争取面对面的会议，沟通信息。如果无法组织现场会议，也建议借助视频工具，召开视频会议。

首席谈判官在管理谈判部门或者谈判团队时，需要从上述五个方面出发，思考缩短跨界团队的管理方法，拉近成员之间的社交距离。

在本章中，我们讨论了如何依据企业实际需求，灵活组建谈判团队以及如何管理跨界团队。在接下来的第二部分里，我们将会介绍设立谈判目标、制订计划、规避风险等内容。

第二部分

首席谈判官实战训练

对于首席谈判官而言，知识和能力不能混为一谈。知识可以提升谈判表现，但能力却决定了谈判结果。在第二部分里，我们将会围绕谈判目标、计划、流程、方案、障碍、风险、结果、培训以及股权特例等方面展开论述。

武向阳（右）与格力电器董事长董明珠（左）

> 在谈判过程中，首席谈判官不仅需要时刻关照自己的情绪，也需要向团队成员传播正能量。无论是在谈判桌上，还是在培训会上，首席谈判官都需要用积极正面的态度，潜移默化地影响成员的行为。这也就是所谓的"正心"。

第 4 章 谈判领袖视角下的谈判目标
让国旗在零时零分零秒准时升起

> 在所有谈判中，你的使命和目标必须对对方有好处。
>
> —— 吉姆·坎普：《谈判从说"不"开始》

2017年5月6日，中央电视台综合频道，《朗读者》节目如期开播。这一期节目的关键词是"那一天"，邀请的嘉宾是我国资深外交官、外交部礼宾司前司长安文彬，如图4.1。他朗读的是方志敏在监狱中写的最后一篇文章《可爱的中国》。他讲述了自己从1997年年初接到筹划香港回归交接仪式的筹备任务开始，到1997年7月1日零时零分零秒，在香港回归交接典礼上，中国国旗准时升起的那一秒的真实经历。

为了让中国国旗在零时零分零秒在香港上空升起，他与英方代表进行了16轮谈判。

在节目现场，安文彬回忆道："我们每一次的谈判都只为两秒钟。我跟英方说我们的国旗一定要在零时零分零秒升起来，主权回归，分秒必争，这件事情毋庸置疑。所以你们的旗子一定要在23点59分58秒降落，当时英方非常不认同，他们不给我们这两秒，所以我们前前后后为这件事情进行了无数次的谈判。"据媒体报道，最后一次谈判中，他非常严肃地站了起来，对英方的谈判代表说了一段话："香港已经被你们占领了150多年！而现在我要的只是两秒钟，你却是这样无理相拒。我认为英方这种态度不仅中国人不能容忍，世人也是不能容忍的。"

期望不同于目标

在《谈判兵法》一书中，我分享了确定谈判目标的7大秘诀和12个程序。在近两年的培训课堂上，我又发现了一个新问题。有些学员在使用这些秘诀，在按照程序制定目标的过程中，把目标、期望和底线混为一谈。

有一次，有一位学员向我请教，如何区分目标与期望。我运用谈判方面的专业术语，解释了一通。他表示仍然有一些疑惑。我灵机一动，问他："听说你的孩子今年要考大学了，是吗？"他说："是的。"我又问："你对他有什么期望吗？"他几乎没有思考，答道："考上一所重点大学。"我接着问："有没有与他一起，设立明确的目标大学，比如北京大学、清华大学、中山大学或者其他某所大学？"他有些惊愕，愣住了，过了两三秒钟说："没。"我微笑地看着他说："谈判也是这样的，我们不能把期望等同于目标。"

期望定方向，目标要具象。我们之所以主动找到对方谈判，或者接受对方的谈判邀请，是因为我们期望与对方达成某项合作，或做成某项生意。目标则是我们通过努力，才能实现的结果，比如合作条件、成交价格、产品型号、投资金额等具体数字。这些目标是可以量化与衡量的。

期望一定要让对手知道，目标一定不能让对手知道。《经济观察报》公司部资深记者耿慧丽在《上奥合资开启三方谈判，奥迪施展平衡术》一文中，提到奥迪中国总经理魏永新（Joachim Wedler）接受媒体采访时，对不同媒体均表示："一个网络一个销售公司，是一个四方共赢的方案。奥迪会在新的销售公司中扮演领导者角色。"

我们可以看出，谈判一方借助媒体的力量，向谈判的其他方公开表达期望，也不失为一种高明策略。如果期望可以沿街叫卖，那么目标又如何深藏不露呢？

郭秀君教授在《商务谈判》（第2版）中写道：做好谈判目标的保密工作，可从以下两个方面入手。

图4.1 我国资深外交官、外交部礼宾司前司长安文彬在《朗读者》节目中

资料来源：中青在线。

1. 尽量缩小谈判目标知晓范围。知晓的人越多，有意或无意泄密的可能性越大，越容易被对方获悉。
2. 提高谈判人员的保密意识，减少无意识泄密的可能性。

郭秀君教授进一步提出以下几点保密措施。

1. 不要给对方造成窃密机会，如文件调阅、保管、复印、打字等。
2. 不要随便托人代发电报、电传等。
3. 不要随意乱放文件，有关谈判目标的文件资料要收藏好。
4. 废弃无用的文件资料尽可能销毁，不要让其成为泄密的根源。
5. 不要在公共场所，如餐厅、机舱、车厢、过道等地方谈论有关谈判业务问题。
6. 不要过分信任临时代理人或服务人员。
7. 最后的底牌只能让关键人物知道。
8. 在谈判达成协议前，谈判目标不应对外公布。

近年来，互联网成为我们开展工作时离不开的一项基础设施。它给我们提供了便利，提高了工作效率，但也隐藏着泄密的风险。因此，在上述措施的基础上，我建议增加以下几点保密措施。

1. 不要使用对方公司的电脑、传真机、电话机等硬件设备收发、呈递文件。
2. 尽量不要通过微信、QQ、电子邮件等社交工具递送信息或文件。
3. 注意检查会谈场所的非公开录音与摄像设备。

其实，随着时代前进，新技术手段会越来越丰富，从提升谈判团队的保密意识着手，更加有利于企业的保密工作。

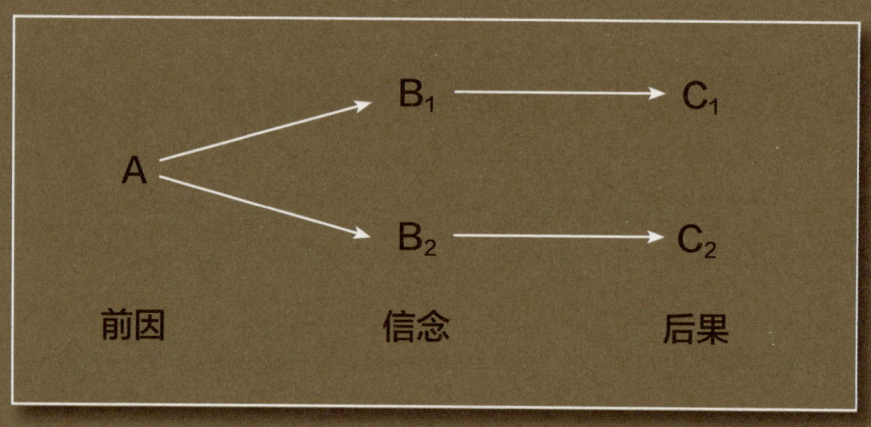

图4.2 情绪ABC理论示意图

目标高于期望。 著名企业家韦恩·休伊曾加（H. Wayne Huizenga）曾经推动六家公司在纽约证券交易所上市，并创办了三家世界500强企业。在他的经商过程中，经历了无数场谈判，他认为，商业谈判取得成功的秘诀是设立雄心勃勃的目标，并抱持强烈信心。G. 理查德·谢尔（G. Richard Shell）在《沃顿商学院最实用的谈判课》（*Bargaining for Advantage*）一书中，写道："对谈判目标的研究表明，目标能够激发强有力的'努力争取'的心理机制。运动心理学家、营销人员和教育家都证实了，设定具体目标能够激发人们集中注意力及其心理能量（Psychological Powers）。"

态度决定结果。 美国心理学家埃利斯创建了情绪ABC理论。他认为激发事件A（Activating Event）只是引发情绪和行为后果C（Consequence）的间接原因，而引起C的直接原因则是个体对激发事件A的认知和评价而产生的信念B（Belief）。也就是说，人的消极情绪和行为障碍结果（C），不是由于某一激发事件（A）直接引发的，而是由于经受这一事件的个体对它产生的不正确的认知和评价的错误信念（B）直接引起，如图4.2。

由此，我们可以发现，事物本身并不会影响人们，人们只会受到对事物看法的影响。在谈判过程中，首席谈判官不仅需要时刻关照自己的情绪，也需要向团队成员传播正能量。无论是在谈判桌上，还是在培训会上，首席谈判官都需要用积极正面的态度，潜移默化地影响成员的行为。这也就是所谓的"正心"，我们会在第14章展开相关内容。

目标不等于底线

我的恩师罗杰先生在《优势谈判》一书中，分享过一个案例。业务员汤姆坚持给休斯敦一家大型推土机推销定制齿轮。两年来，汤姆一直在给这家公司打电话，希望有机会上门拜访，可对方似乎根本不准备更换现在的供应商。有一天，汤姆突然接到对方采购人员的电话。他们给

了汤姆一笔很大的订单，但交期必须是 90 天。双方都知道这种类型的订单的标准交期是 120 天。

尽管如此，汤姆仍然拿着订单找生产部同事沟通，得到的答复是：即使交期是 120 天，也无法保证一定完成任务。如果对方没有后续订单，他们还需要额外承担 2.2 万美元的固定成本。生产部门的同事甚至告诉汤姆宁可丢掉这个客户，他们也不能接这个订单。

于是，汤姆联系对方的采购人员，展开谈判。汤姆告诉对方，齿轮的价格是 23 万美元，再支付 2.2 万美元固定成本，交期最短 120 天。对方采购人员却坚持要求 90 天交货。

最后，采购人员说："我和我方的物流部门商量一下，看看他们有什么办法。"过了一会儿，采购员回来了，告诉汤姆："有办法了，不过需要你的帮助。我方人员可以把齿轮空运到阿根廷，但如果这样的话，我们就会增加一笔报关费用。因此，我希望能再降低一些价格，然后，你们负责把齿轮空运到休斯敦。"

通过这个案例，罗杰先生告诉我们，底线并不总是清晰不变的，并且，谈判高手通常会在底线附近设伏，实施诱捕战术。抓住业务员急于成交的心理，突破对方底线。就像在本案例中，汤姆看到成交的一线生机，很容易会承担 2.2 万美元的固定成本以及 6 000 美元的空运成本。而这也正是对方要求交期的用意所在。

那么，我们如何试探对方的底线呢？沃顿商学院教授埃里克·布莱特劳表示："谈判中，正确摸清对方的底细很重要。这其实不是一件很难的事情，除了仔细观察对方言行之外，再掌握一些小技巧就可以做到了。"在过往的十多年的研究与实践过程中，我总结了四种方法，来摸清对方的底线。

方法一，大胆使用"狮子大开口"策略。如果我方先报价，那么我们应该使用"狮子大开口"策略，开出一个远远超出底线，甚至超出期望的条件。然后，观察对方的反应。对方收到我方的报价，可能会出现两种情况。第一种情况，我方报价严重超过了对方的底线，对方表示不愿意继续谈判；第二种情况，我方报价仍然处于对方的可接受范围之内。针对第一种情况，我方需要及时调整报价策略。而针对第二种情况，我们就需要认真对待，坚守我方的底线和目标了。

方法二，让对方先报价，但我方严格遵守：永远不接受第一次报价。同时，我们可以判断，对方的底价肯定在报价的下方。

方法三，折中还价。有一次，我和朋友一起到广州吉盛伟邦采购一批办公家具。我们问老板，一张桌子多少钱？老板告诉我们："800元。"我马上就说："400元吧，我们需要好多张桌子。"我说这句话的时候，在悄悄地观察老板的表现。老板听到这句话，表现出了极大的不耐烦，甚至说出："我们家没有400元的桌子。"最后，我们的成交价格是420元，接近老板的成本价格。

这说明，我的还价杀到了他的底价下面，我应该适当调整策略了。写到这里，可能有些读者会想到，我曾经在谈判兵法课堂上讲到过"大惊失色"的策略，就会问，如果老板是故意表现给你看呢？不过，没有系统学习过谈判兵法课程的人，很少会在这种场合故意为之。

方法四，理解话中话。大多数中国人偏向含蓄地表达观点。也正是因为这种含蓄的表达形式，给了许多谈判高手让步的台阶，并且不至于过分难堪。

在刺探对手底线过程中，我们要时刻记得我方的目标不等于底线。心理学家的研究表明，人们在不同环境中，可以关注的事物多少也是不同的。抛球杂技演员在安静的舞台上，可以抛接五六个小球；但在热闹的街头，他或许只能抛接三四个球。在充满压力、高度紧张的谈判环境中，人们的注意力也是十分有限的。尤其在双方为了某个具体问题针锋相对，互不相让时，参与者会越来越关注问题点，而忽略了心中重要的底线。沃顿商学院教授谢尔教授说："为了避免陷入将你的底线作为基准点的陷阱中，你应该知道自己的绝对底线（Absolute Limits），但不能把注意力集中于此。"也就是说，我们应该想方设法，把谈判的基准点从我们的底线附近引开，甚至引向对方的底线。谈判高手通常精于此道，一步一步将谈判焦点引向对方的底线附近，然后反复试探，直到达成一致意见。

罗杰·费希尔等人合著的《谈判力》一书中，提到5点运用底线的代价。

1. 确定底线便于你抵抗压力和一时的诱惑；
2. 当你方不止一人时，共同的底线有助于保证不会有人向对方暗示你可能愿意接受较低的价格；
3. 底线限制了你在谈判中的应变能力；
4. 底线会限制你的想象力；
5. 底线容易定得太高或太低，不利于产生更富新意的解决方案。

或许，正如费希尔所说，除了明确谈判的底线，我们还需要设计一个或多个替代方案，然后，择优备用。

谈判协议最佳替代方案

十四及十五世纪，英国和法国经历了长达100多年的战争。英国国王爱德华四世带领军队再次跨越英吉利海峡，誓要占领法国。法国国王路易十一发现自己还无法抵御强大的英国军队，于是，想到通过谈判解决这场战争。1475年，路易十一与爱德华四世签订了一个和平条约，答应先向英国支付50 000克朗（1克朗约等于5先令），并在爱德华余生里每年向他进贡50 000克朗。为了达成这一个替代方案，路易十一特别安排红衣大主教陪同爱德华四世玩乐，并盛情款待英国士兵。

爱德华四世带领士兵回到船上，启程返回英国。路易十一说："我轻易地将英国人赶出了法国，而且比我父亲做得都容易：他是用军队把英国人赶走的，而我是用肉饼和美酒。"

我们结合这个故事，分开阐述最佳替代方案的三个特点。

最佳替代方案不是无条件让步。英军压境，路易十一首当其冲的任务是退兵。虽然老话说，兵来将挡，水来土掩，但识时务者为俊杰。路易十一通过评估双方军力，放弃与英军正面交战，而选择通过谈判达到了退兵的目的。我们可以看到，路易十一巧妙地避开了对方的优势，答应赔偿英国国王一定的金钱。这些金钱可能与战败后果是无法相提并论的。

最佳替代方案不是可有可无的摆设。《谈判的力量》作者凯瑟琳·凯利·里尔登认为，最佳替代方案是通过仔细选择制定的，它们不是任何旧的选择，也不是最差的选择，它们代表了另外一条途径，而且这条途径越好，谈判者就越有信心为达成理想或备用目标而努力，因为这不是在铤而走险。路易十一的谈判方案就是一条与决战完全不同的途径，并且实现了目的。

最佳替代方案是提升谈判力的重要筹码。罗杰·费希尔认为，谈判双方的相对实力主要取决于各方能在多大程度上承受谈判破裂的后果。拥有最佳替代方案的一方拥有较多的选择余地与回旋空间。即使谈及敏感问题，此方也能够坚守谈判方案，把已有资源的价值发挥到最大。

另外，我在《谈判兵法》一书中，专门开辟了一个小节，论述如何了解对手的最佳方案。但是，我想在此特别强调的是，无论最佳替代方案与既定方案多么接近或近似，都不能够真正替代既定方案。必要时，在谈判团队中，越少人知晓这个方案，越多人会为既定方案全力以赴。

在此，就此相关内容不再赘述。

划清交易与关系的界线

赵霞博士在一篇研究论文中，认为关系作为一种非正式制度安排，是对中国现有社会、经济和法律等正式制度体系的补充。具体到商务活动中，关系显得格外重要。在这篇研究论文中，她还引述了众多国内外研究人员对于"中国式关系"的研究。比如，阿里亚斯（Arias）指出中国式关系起源于中国传统文化，是在中国现有的法律、政治和经济等社会条件下存在的一种特殊的网络。

2012年，戴蒙德教授在接受《新闻晨报》专访时，表示："在任何谈判中，人际关系才是最重要的。在我差不多25年的调研里，总结了来自40多个国家的经验，我依然得出这样的结论：在所有谈判中，关注对谈对象本身的认知和情感是谈判中最重要的。当你知道对方需求的时候，你会有一个更好的起点，少得到一点钱，与对方建立好的人际关系，这会让你获益无穷。"

《列维奇谈判学》（原书第四版）引述了国际谈判专家杰斯瓦尔德·萨拉库斯（Jeswald Salacuse）提出协商关系的三条重要原则：

1. 谈判准备阶段不要仓促。用足够的时间来认识对方，与对方聊天，了解其情况，并与对方共度一段时间。这个过程能够增强你的信息收集能力，并且建立起以相互信任、信息共享和富有成效地进行讨论为内容的一种关系。
2. 要认识到长期的业务往来是谈判的继续。在任何商业交易中都始终伴随着变化和不确定性。即使合同已经签署，谈判也并没有中止。
3. 要考虑调解和仲裁的问题。第三方可以帮助监控交易过程、解决违约争执和确保协议不会因谈判方无法解决在解读和履行协议方面出现的分歧而出纰漏。

通过研究上述理论，结合多年实战经验，我认为，尽管交易和关系是一对形影不离的"孪生兄弟"，但我们在实际工作中，必须明确划分交易和关系。

交易是短期的，关系是长期的。大多数谈判都带有建立或维系长期关系的目标，有些谈判人员甚至会基于关系方面，在交易上做出一些让步。在中国传统文化里，我们可以发现许多带有此意思的词语，诸如"放长线，钓大鱼""在家靠父母，出门靠朋友""真情换来回头客"等。

良好的关系，有利于谈判走向合作。双方遇到问题时，也更加容易形成合力，共同谋划解决问题的办法。

关系可以降低交易风险。谈判过程中，充斥着大量不确定性和风险。良好的关系则可以有效减少人员方面的不确定性和风险，比如中途更换谈判人员、泄密等。

在考虑交易与关系的界线方面，首席谈判官不仅需要明白上述特点，更需要注意以下几个方面：

1. 明确区分私人关系和工作关系。首席谈判官是老板的代理人，在承担职责过程中，时刻牢记公司员工守则、保密协议以及自身的职业素养，秉公办事；
2. 不越权做交易决策。即使谈判对方是亲朋好友，如果自己没有交易决策权，仍需要按流程向委托人请示。得到授权后，方可以达成交易；
3. 适时回避。首席谈判官并不需要参与公司里里外外，大大小小的所有谈判。

在本章中，我们诠释了目标、期望以及底线的关系，也尝试阐述了交易和关系的关系。从收集到的国内外文献来看，在交易与关系的研究方法方面，国内与国外存在着定性与定量的区别。不过，这个课题已经进入我的关注范围，在后续的谈判研究方面，可以持续发力。在第5章，我们将会阐述谈判计划与流程方面的内容。

武向阳（右）与恒大集团董事局主席许家印（左）

> 在内部培训会、策略会，甚至预演会上，仪表盘都可以作为重要的会议内容，方便大家掌握谈判进度，全面了解情况，提炼新策略以及实施路径。

第 5 章

全球首创谈判分析仪表盘
在利润版图上步步生金

> 我要教的不是如何进行谈判,而是要让你从内心深处成为一名真正的谈判者,让这些谈判技巧像你的性格一样成为你密不可分的一部分。
>
> —— 斯图尔特·戴蒙德:《沃顿商学院最受欢迎的谈判课》

《礼记·中庸》写道:"凡事豫则立,不豫则废。言前定则不跲,事前定则不困,行前定则不疚,道前定则不穷。"西汉时期的戴圣是这样解读的:豫者预也,任何事情,事前有准备就可以成功,没有准备就要失败,说话先有准备,就不会辞穷理屈站不住脚;做事先有准备,就不会遇到困难挫折;行事前计划先有定夺,就不会发生错误后悔的事;做人的道理能够事先决定妥当,就不会行不通了。

拆解这句话来看,近似于一个包括了说、事、行、道四个方面的谈判计划。我们坐到谈判桌之前,通常也需要做一些准备工作。计划和流程可能会直接影响你在谈判桌前的表现,进而影响到谈判结果。

可视化谈判过程

我有一次驾车,从广州市区前往中山讲课的酒店。途中,我总感觉自己还没有怎么踩油门,仪表盘的速度指针已经开始向右下方倾斜。到达酒店后,我立即让助理联系 4S 店的服务人员过来检查仪表盘。服务人员把车开到 4S 店,借助电脑程序,进行了一番仔细校准,发现车况完全正常。他们向我询问,是不是在赶时间?这个问题提醒了我,问题可能不在车上,而是在我身上。我当天要讲一节特别重要的课程,心里不想迟到而已。虽然是一场虚惊,但却成为我研究谈判过程中的一次"棒喝",让我顿时找到一条思路,彻底解决一个困惑了我许久的难题:如何让谈判过程可视化?甚至数据化呢?

在谈判桌上,我们时常也会遇到这种情况,我们的感觉和事实情况出现了较大偏差,甚至会直接影响后续谈判,甚至输掉一些原本可以手到擒来、言到即至的利益。

在过去10多年的研究、培训与实战过程中,我发现沃顿商学院教授斯图尔特·戴蒙德教授提出的"四象限谈判模式"和英国著名谈判专家史蒂夫·盖茨(Steve Gates)提出的"谈判钟面模型"虽然可以部分解答我的困惑,但仍然无法彻底化解我的困惑。直到那一场虚惊过后,我开始思考,我能否设计一个谈判仪表盘,实时记录谈判过程呢?于是,我沿着这条路径,深入思考下去,并且取得了意想不到的效果。

在我们学习谈判分析仪表盘之前,我们先了解一下戴蒙德教授的"四象限谈判模式"和盖茨先生的"谈判钟面模型"。

戴蒙德教授的"四象限谈判模式"

戴蒙德教授主张每一场谈判都可以争取更多,经过多年研究与实践,总结出"四象限谈判模式",见图5.1。

在戴蒙德教授看来,这些策略相当于谈判人员的"武器库"。在不同的谈判中,只须选择不同的策略,即可达到目标。对于大型谈判,首席谈判官则需要遵循这些策略,逐步检视谈判方案。

步骤1是找出你的目标,步骤2是找出阻碍你实现目标的真正问题。这两个步骤是最重要的,可以提供近一半的重要信息。

步骤3是找出在谈判中起关键作用的谈判方。是否存在与此次谈判有关的隐藏的第三方呢?是否找到了决策人?或者找到了能够影响决策人的人?

步骤4是找出"达成谈判协议的最佳替代方案"或者"讨价还价的范围"。

第一象限 问题和目标	第二象限 形势分析
1. 目标：短期/长期 2. 问题：妨碍目标实现的问题有哪些？ 3. 谈判各方：决策者、对方、第三方 4. 交易失败怎么办？最糟糕的情况是什么？ 5. 准备工作：时间、相关准备、谁掌握了更多信息	6. 需求/利益：双方的；理性的、情感上的、共同的、相互冲突的、价值不等的 7. 观念：谈判各方脑海中的想法、角色转换、文化、矛盾冲突、信任 8. 沟通：风格/关系 9. 准则：对方的准则、谈判规范 10. 再次检查目标：就双方而言，为什么同意，为什么拒绝？
第三象限 选择方案/降低风险	第四象限 采取行动
11. 集思广益：可以实现目标、满足需求的选择方案有哪些？交易条件是什么？有何关联？ 12. 循序渐进策略：降低风险的具体步骤 13. 第三方：共同的敌人且有影响力的人 14. 表达方式：为对方勾画蓝图、抛出问题 15. 备选方案：如有必要对谈判进行适当调整或施加影响	16. 最佳方案/优先方案：破坏谈判协议的因素、谈判中的欺诈因素 17. 谈判发言人：发言方式和发言对象 18. 谈判过程：议程、截止日期、时间管理 19. 承诺/动机：主要针对对方 20. 下一步：谁会采取行动？他会做什么？

图5.1　四象限谈判模式

资料来源：[美] 斯图尔特·戴蒙德著，杨晓红、李升炜、王蕾译：《沃顿商学院最受欢迎的谈判课》，北京：中信出版社，2012年8月。

步骤 5 是反复强调准备工作。有些时候，你甚至需要帮助对手完善准备工作。这可能会占用你许多时间，甚至改变你的计划，但这或许会成为达成协议的关键。

步骤 6 包含了广义的需求和利益：理性的需要和非理性的（情感上的）需求，长期需求和短期需求，共同的需求和相互冲突的需求等方面。你越是加深对自己或对方的了解与认识，就越能够找出更多需求，可用来交易的筹码也会越多。

步骤 7 和步骤 8 紧密相关。尝试角色互换方法，体会对方的感受和想法，找到他们的沟通风格，进行有效沟通。

步骤 9 与准则有关。对方有哪些准则和规范？他们还会接受其他准则吗？

步骤 10 指再次检查目标。到此为止，完成了第二象限的工作。思考对方会赞同或否定你的目标？原因是什么？如果对方无法认同你的分析，你或许需要调整你的目标了。针对问题清单，依据优先次序排列，并且选择方案。

步骤 11 是集思广益，选择方案的过程。作为首席谈判官，你既可以独立思考，也可以召集团队成员讨论，完成选择方案的工作。在这个阶段，头脑风暴或许是一个比较有效的方法。

步骤 12、步骤 13 和步骤 14 有助于你提高制定决策的效率，让你迅速找到最佳方案，找出解决问题的最佳方法。

步骤 15 是第三象限的最后一个项目，可以完善你的备选方案，甚至直接达成协议，改变各方的权力平衡。

步骤 16 是挑选出最佳替代方案。这样的最佳替代方案是对方最有可能接受、看起来风险最小、让你更靠近谈判的目标、得到第三方的支持，甚至创建一个美好的未来。

步骤 17 是选择展示方案的方式。针对不同的人，选择不同的展示方式。

步骤 18 是搞清楚对方对你的提案的考虑过程。如果需要制定一些

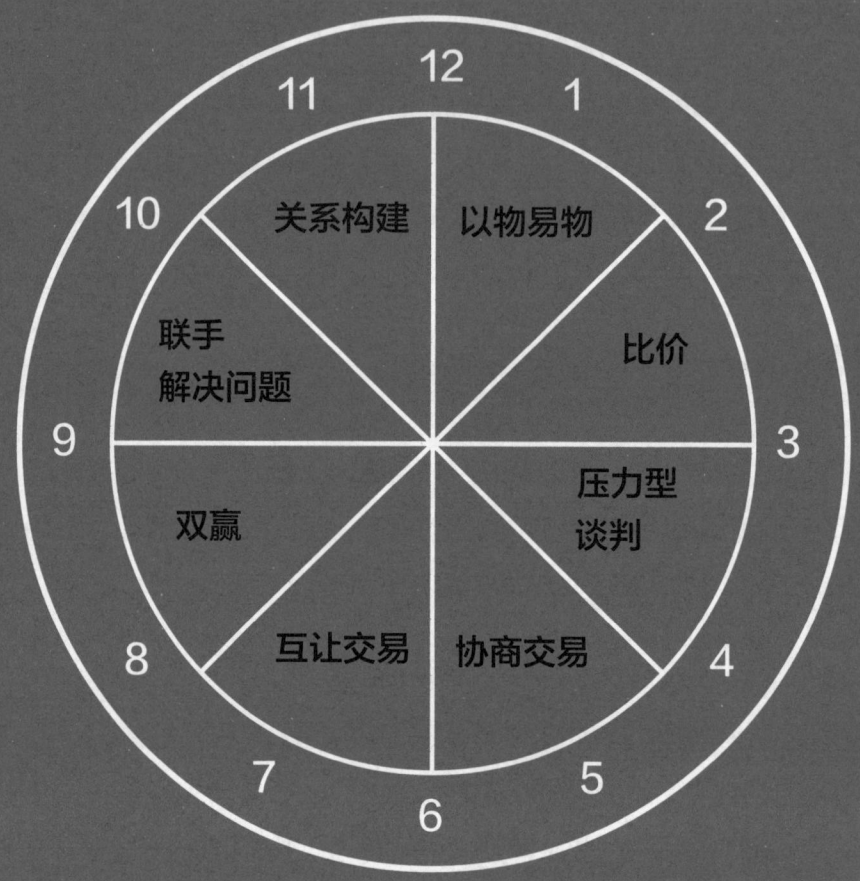

图5.2 谈判钟面模型

资料来源：[英] 史蒂夫·盖茨著，苏西译：《优势谈判实战训练手册》，深圳：海天出版社，2014年3月。

标准衡量提案的成功与否，务必亲自参与其中，以防止错误标准阻碍你实现目标。

步骤19是让对方作出承诺。让他们以他们认可的方式作出必要的承诺。

步骤20是把后续跟进工作执行到位，确保谈判达到预期目标。

最后，戴蒙德教授认为，掌握了这一模式,只能够发挥它的一半潜能。如果想激发它的另一半潜能，你需要预先运用这一模式，展开模拟谈判。

谈判钟面模型

史蒂夫·盖茨（Steven Gates）是著名的盖普合伙公司（The Gap Partnership）的创始人，主要给《财富》世界500强公司提供培训。他结合实战经验和上千次培训经验，设计了"谈判钟面模型"，见图5.2。

图5.2的右半边体现的是竞争性谈判。在此区间，由于各方只能够分配十分有限的价值，因此，一方得到多少，其他方就会损失多少。这种类型的谈判是比较艰难的。而在图5.2的左半边，合作型谈判占据了大部分位置。谈判各方可以就更多议题、更大范围、更多条款进行谈判。总体价值也会被放大后，再进行分配。

盖茨依钟表表盘的形状，划分谈判过程中的不同阶段。我们按照顺时针方向，简单了解一下不同阶段的特点。

1：00，以物易物。虽然这是一种古老的交易方式，但它依然存在于现代商业社会的某些角落。当我们把金钱也看做是一种物品时，这个区域涉及的范围就被扩大到日常消费或买卖。这也是谈判的基本形式，双方的目的是就两种物品的价值达成一致认识。

2：00～3：00，比价。招标、拍卖以及网购等活动都可以划归到这一区域。在这里，一方面对着N多谈判对手，具有非常多的选择方案。

4：00，压力型谈判。大多数谈判在推进过程中，都会遇到压力型谈判。这个区间也是双方就核心议题或核心利益反复取舍的过程。盖茨

广东省东方谈判发展研究院
理事长杨思卓（右一）和
院长武向阳（左一）聘任仪式

认为，在谈判压力面前，先报价或提出条件的一方具有明显的"主场优势"，并且会给对手设置一个"锚点"。

5：00～6：00，协商交易。在此区域，双方会协商每一条条款，交换可以交换的条件，直到双方签订协议。

6：00～7：00，互让交易。谈判经历了上述阶段后，双方逐渐认识到，想要获得共同利益，就要在某种程度上展开合作。双方挖掘的共同利益越多，创造价值的可能性就越大。于是，在这个阶段，双方都会就某些条款或议题作出有条件的让步。通常情况下，谈判双方的力量都处于不均衡状态，因此，弱势一方多少会对强势一方产生依赖作用。

8：00，双赢。双方以共赢的思路，一起谋求低成本，高价值的交易，以提升总体价值。这是哈佛商学院的两位教授尤里和费希尔提出的理念，并且在实施哈佛谈判项目的过程中，进一步验证了这一理念。由于双赢的可能性建立在协作的基础之上，因此，谈判过程的冲突比较少，结果对双方也更加有利，但双方依然在努力使自己的利益最大化。

9：00～10：00，联手解决问题。在这个阶段，双方开始关注为了签订协议，甚至执行协议会遇到的一些问题。他们也开始花费时间，研究双方对待风险的态度和承担风险的能力，然后通过商议，明确各方责任和补偿办法。他们可能会重新审视协议，讨论风险，分配整体价值。

10：00～12：00，关系构建。在商业谈判过程中，关系的价值不容忽视。它往往意味着合约商谈的最佳状态，双方相互依赖，通力合作，产生协同效应，节省成本，扩大价值。在这个区间，双方更加关注信息透明度、建设性意见以及共赢的可能性。

盖茨设计的"谈判钟面模型"说明的并不是一场谈判的流程，或者说每一场谈判都会经历这样的阶段。况且，在动态谈判过程中，双方可能需要在不同区域，灵活切换。

"谈判钟面模型"的不足之处是，并不是所有参与者都能够准确判断，谈判正在哪个区域中进行，目前应该竞争，还是合作。因此，在把控谈判进程，选择策略等方面，此模型无法体现出明显的优势。

表5.1　关系的四个主要维度

主要维度	要素
吸引力	好感：喜欢对方 刺激：与对方接触是一种智力挑战 有共同语言：共同分享事物 浪漫情趣：身材上受对方吸引
友善	信任：可靠，人与人之间真诚无私 坦诚：彼此之间开诚布公 默契：能够站在对方的立场上看待问题 接纳：无条件地积极对待对方 尊重：认为对方拥有强大的价值观体系并且服从于这种价值观
黏合力	同盟：与情谊、谨慎等相对的忠诚 交换：各方从彼此的联合中获得的有形利益 竞争态势：各方之间的竞争程度（竞争会削弱关系）
宽度	关系范围：关系覆盖面有多大（各方相互了解和相互交往的方式有多少种） 时间范围：重点是将关系视为一个从过去到将来的发展中的实体

资料来源：[美] 罗伊·J. 列维奇、布鲁斯·巴里、戴维·M. 桑德斯著，郭旭力、韩红霞、王圣臻译：《列维奇谈判学》，北京：中国人民大学出版社，2008年10月。

首创谈判分析仪表盘

驾车出行前，我们除了知道目的地之外，了解天气、路况、车况等信息，也有助于我们顺利到达目的地。谈判也是如此，我们不仅需要明确每一场谈判的目标，也要做一些准备工作。

行程开始后，我们会跟据实时路况、车流、人流等信息，完成具体操控动作，如调整车速，选择加油站等。这些信息都来自于汽车仪表盘，那么我们的谈判过程是否需要一个仪表盘，显示谈判进程中的一些实时信息呢？

答案是肯定的。

在讨论谈判分析仪表盘之前，我们先思考一下，在谈判过程中，我们通常需要掌握哪些信息，或者指标。

目标及利益分配。 当然，这是谈判者需要关注的首要信息。简单的谈判可能只包括一个目标，但复杂的谈判可能会包括一个目标集。一个目标集包括多个目标。在目标集中，有些目标是有形的、具体的、明确的，如成交价格、交期、标的质量指标等；但也有一些目标是无形的，比如提升知名度、建立合作关系等。并且，在我们面对一个目标集时，通常需要找出其中的关键目标，并且重点关注。从谈判分析仪表盘上，我们可以清楚地评估目标的状况，目标在哪里，为了达成目标，我们可以采取哪些策略，应该避免哪些策略。

在谈判3.0思维模式里，我们强调"思利及人"的概念。在思利的过程中，我们需要清晰明了地观察每一场谈判的利益点、如何分配以及如何"及人"。比如，在一场谈判中，价格是关键目标。买方的目标是110元，报价100元，卖方的目标价是105元，报价120元，见图5.3。

在105到110之间，双方仍然需要面对无数个可能的成交价格。在这里，我的建议是，适当地做出一些细微让步。一方面，利用这项条件的让步，争取其他条件的利益；另一方面，给对方一些赢的感觉和切实的利益，有利于促使双方发展成为长期合作伙伴关系。

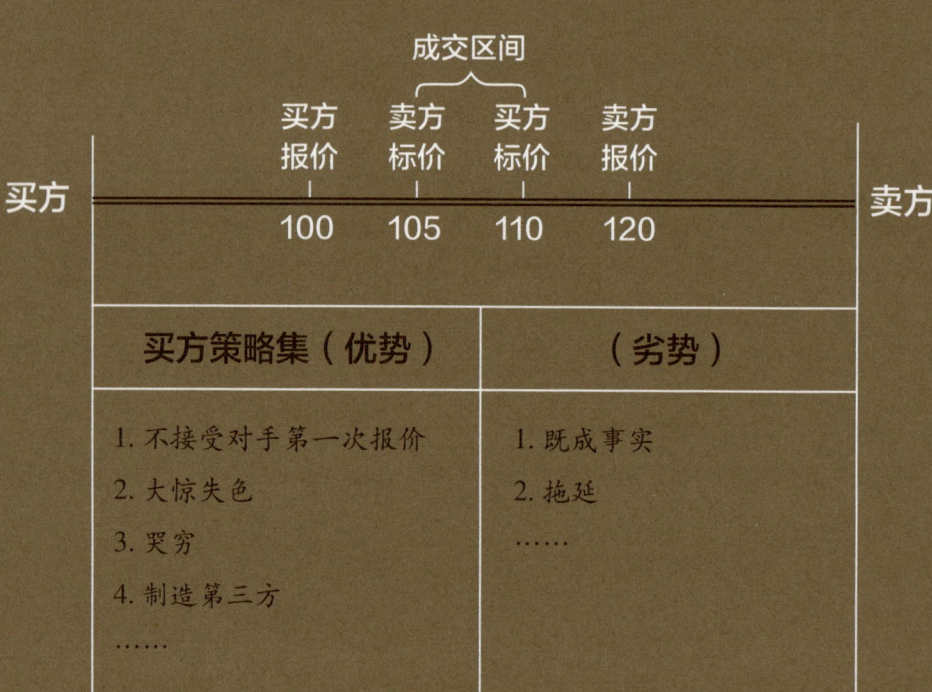

图5.3 目标及利益分配图

关系。谈判离不开人，而人与人总会发生一些关系。简而言之，在错综复杂的商业环境中，谈判双方要么是竞争关系，要么是合作关系，要么是两者兼有。谈判建立了关系，关系也影响着谈判的发展方向。在我们的仪表盘上，关系是一个定性指标。列维奇引用过一项研究。这项研究认为，关系由 14 个要素构成，共分为四个主要维度，见表 5.1。

根据这项研究，我们可以在一张雷达图上，给 14 个要素评分，以此直观判断双方的关系，见图 5.4。

谈判力。威廉·尤里教授认为，当谈判者用威胁或者其他手段来试图迫使对方做出让步时，他们关注的是谈判力。

列维奇则认为谈判力可以分为两种：一种是用于支配和控制对方的谈判力；另一种用于与对方合作的谈判力。列维奇给谈判力下了一个明确的定义。

> 谈判者在特定情境下拥有的谈判力（情境权力），是与其在该情境下能满足自己预期目的（目标、愿望或者需要）的程度相一致的。谈判力是一个关系型概念，它不存在于个体，而存在于个体与环境之间的关系当中。因此，谈判者在特定情境下的谈判力是由环境特点和谈判者自身的特点所决定。

列维奇认为谈判力主要来自信息、人格、职位、关系、环境共五个方面。

> 信息来源：一是为了改变他人的观点或立场而收集和展示出来的资料。二是积累和掌握的、针对某一问题或者某一领域的大量知识，并且得到大家的公认。
>
> 人格和个体差异来源：这个方面包括心理取向（利用权力的普遍取向）、认知取向（对权力的意识）、动机取向（利用权力的特定动机）、性格倾向和技能（倾向于合作/竞争）、

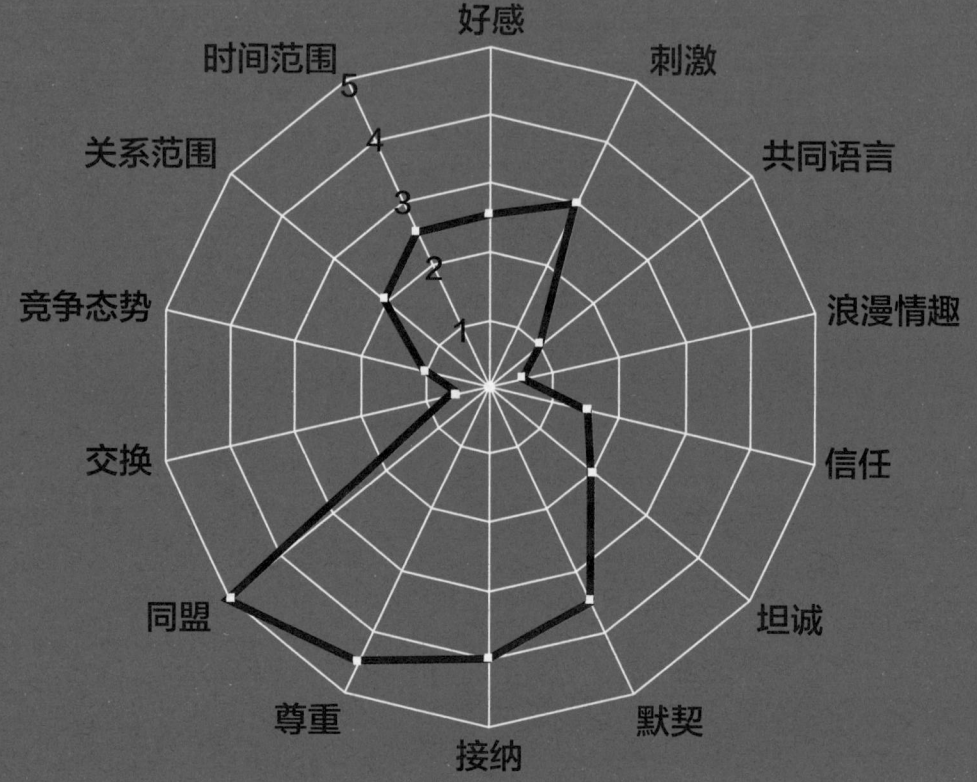

图5.4 谈判参与方的关系图

● 参与方分别给14个要素评分,1分表示很差,2分表示较差,3分表示一般,4分表示良好,5分表示很好。用一条曲折的粗线串联各要素得分,可以更加形象地展示谈判参与方之间的关系。

道德取向（利用权力的哲学取向）。

职位来源：指谈判者在组织中或沟通结构中所处的具体位置以及他掌控的资源。

关系来源：利益相关方如何看待他们的目标，他们在关系网络中占据的位置，掌握的信息、资源的使用权或控制权。

环境来源：谈判所处的环境，包括组织文化、旁观者等。

经过大量的实战与总结，我认为，在谈判过程中，参与方的谈判力始终处于动态平衡状态。结合列维奇的研究成果，我认为影响谈判力的因素主要包括信息、行业地位、备选项、人员以及场所等，见图5.5。

信息：指参与方在谈判准备阶段收集到的信息以及有效性。

行业地位：指参与方在所属行业里的话语权，市场份额以及竞争力。

备选项：参与方有没有其他可以选择的谈判方。

人员：参与方团队成员的职位、领导力、谈判经验、性格等，特别是首席谈判官的身份。

场所：某一方是否拥有主场优势，到对方场所参与谈判时，位置、次序是否恰当等细节。任何一个场所都有特定的能量场，而能量场又无形地影响着气场，这些都是影响谈判结果的因素。

策略工具箱。这是你的武器库，里面存放着诸多类型的武器。虽然并不是所有的武器都会被用到，但用的时候，还是可以正确地选择需要的武器。策略包括：狮子大开口、大惊失色、不情愿地成交、钳子策略、白脸-黑脸、让步、折中、蚕食、变卦、诱捕、红鲱鱼[①]、摘樱桃[②]、

---

① 红鲱鱼，一种谈判策略，指转移对方注意力。
② 摘樱桃，一种谈判策略，指在收集到大量信息之后，以最优条件要求对方接受。

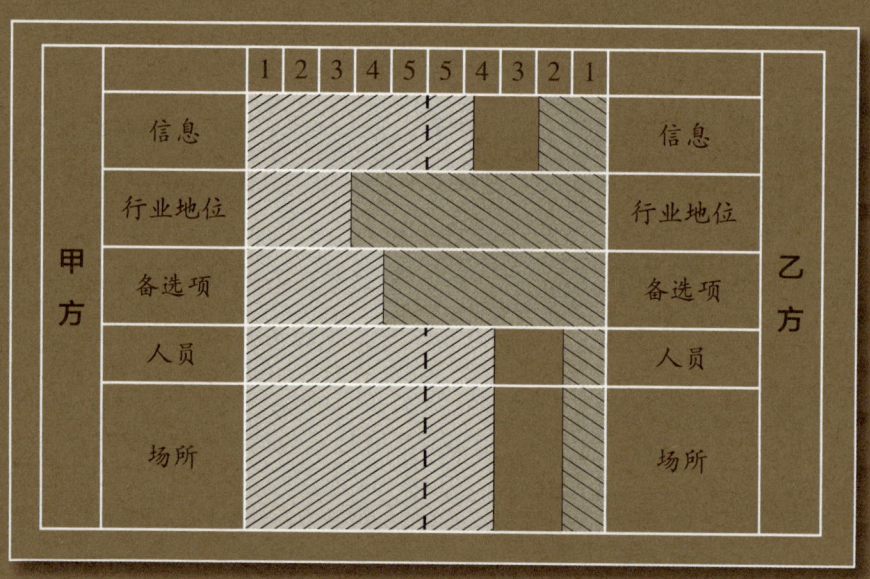

图5.5 谈判力分析图

故意犯错、预设、升级、故意透露假消息、热土豆[①]、最后通牒、玩消失、虚拟决策人、假面、哭穷、偷换概念、操纵期望值、巧发脾气、竞拍、造势、狼群战术、既成事实、设套、拖延、制造稀缺、威胁等。我们可以把上述策略大概划分为进攻策略与防御策略，见表5.2。

需要注意的是，买家和卖家在实际运用过程中，进攻与防御需要进行转换，然后使用策略。

在本节中，我们详细解读了目标、利益、关系、谈判力以及策略工具箱等几项仪表盘上的重要元素。除此之外，参与方还可以依据实际情况，增加或减少一些指标或元素。每一场谈判都应该有独特的谈判仪表盘。

这个工具也可以作为首席谈判官的战略地形图。在内部培训会、策略会，甚至预演会上，仪表盘都可以作为重要的会议内容，方便大家掌握谈判进度，全面了解情况，提炼新策略以及实施路径。

不过，我也必须说明，仪表盘只能让你看清当下情况，却无法带你到达目的地。就像汽车驾驶室里的仪表盘一样。但是，它无法代替你决定要去到哪里，速度是多少，如何转向等。这些信息都需要你自己做出决定。

拟定流程、精准把控进度

众多研究人员把谈判作为沟通的一种方式，尤其是化解冲突的一种有效方式。并且，他们认为谈判过程也可以被划分成若干阶段。伦纳德·格林哈希尔（Leonard Greenhalgh）经过长期研究，明确提出谈判阶段模型。他认为，一场谈判可以从理论上划分为七个阶段，见图5.6。

准备阶段。明确目标、开启准备工作、安排人员，组建团队等。

关系建立阶段。各利益相关方相互了解，找到异同点，给出承诺。格林哈希尔认为，这个阶段对于推进后续阶段，圆满达成谈判至关重要。

信息收集阶段。提出问题，表述需求，商讨解决方案。

[①] 热土豆，一种谈判策略，指把问题转移给另外一方。

表5.2 策略工具箱

	进攻策略	防御策略
最高级	钳子策略、红鲱鱼、热土豆、狼群战术、设套、操纵期望值	白脸—黑脸
比较级	巧发脾气、变卦、蚕食、摘樱桃、升级、预设、诱捕	虚拟决策人、竞拍、造势、假面、既成事实
普通级	狮子大开口、偷换概念、最后通牒、威胁、制造稀缺	大惊失色、不情愿成交、死消失、哭穷、故意犯错、让步、折中、拖延

信息利用阶段。朝着自己的目标推进，并且提出各种理由，运用策略，表明立场，阐述利益，说服对方。

出价阶段。双方给出报价，并就价格展开争取与让步。

完成谈判阶段。对本次谈判达成的协议做出承诺。

履行协议阶段。明确利益相关方应该承担的责任。如果发现纰漏或重要问题，重启谈判或开启仲裁、调解，甚至法律途径。

在实际过程中，有些阶段可能难以清晰地被划分出来。或者，由于地域、文化等方面的差异，有些谈判可能跳过或省略某些阶段。

以签订协议为导向，制定项目计划

在本章前面部分，我分享了独创的"谈判分析仪表盘"，这相当于一份作战地图，现在我们来看一下，打赢一场战争所需要的"作战计划"应该包括哪些因素。

总体思想与指导原则。这是首席谈判官掌控全局的原点，也是授权与执行的依据。

划分阶段及节点性目标。1984年，东京国际马拉松比赛上，名不见经传的日本运动员山田本一出人意料地获得了冠军。赛后，记者采访他的成功秘诀是什么？山田本一说："用智慧战胜对手。"记者看着身材个子毫无优势的山田，听到这样的回答，认为他是在故弄玄虚。两年后，山田本一又以同样的方式摘得意大利米兰国际马拉松邀请赛的冠军。在赛后接受记者采访时，他仍然回答："用智慧战胜对手。"

十年后，山田本一退役，并当了教练。他在自传中透露了成功秘诀。在每一次比赛前，山田本一先驾车沿比赛线路走一圈，并记下沿途醒目的标志，如银行、灯塔、超市、大树，直到终点。比赛开始，他以百米冲刺的速度冲向第一个标志，第二个标志，直到终点。谈判亦是如此，每一轮较量，都应该有每一轮的目标，并努力达成不同阶段的目标，直到达成终极目标。

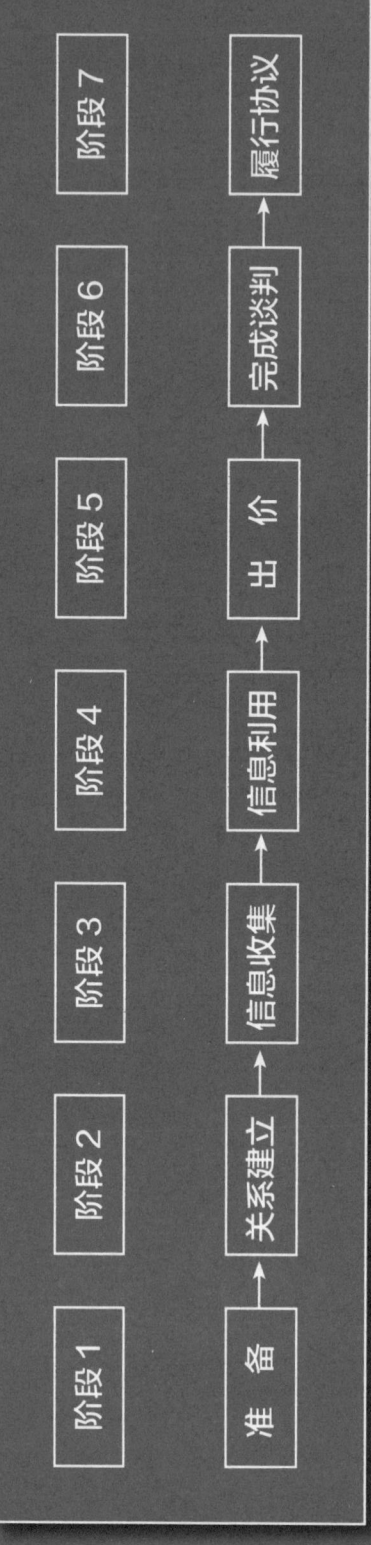

图5.6 谈判阶段

资料来源：[美] 罗伊·J.列维奇、布鲁斯·巴里、戴维·M.朵德斯著，郭旭力、鲜红霞、王圣臻译：《列维奇谈判学》，北京：中国人民大学出版社，2008年10月。

安排准备工作。《孙子兵法》写道：多算胜，少算不胜。谈判前的准备工作既要安排人员、组建团队、训练模拟，布置场所、礼仪等接待工作，更重要的是"多算胜"，也就是怎么争取尽可能多的胜算。

预设关键环节的应对策略。在谈判推进过程中，提出条件、讨价还价、让步、应对突发、突破障碍、成交等关键环节，我们必须提前准备好应对策略。所有的策略都是为了让谈判向着我们的目标——签订协议为准。这些策略体现在谈判分析仪表盘的"策略工具箱里"，不同环节，需要准备不同的应对策略。

寻求场外强音。寻找与我们的诉求比较接近或保持一致的利益相关方，比如使用我们产品的老客户。例如，蓝月亮洗衣液最近在全国许多城市召集了一批客户，并让他们登上央视广告，借他们的口，打造"洗八件衣服，一泵就够了。"

签订协议，传递赢的感觉。谈判进行到这一步，如果我们给对方一些超出承诺的东西，在非核心条款方面，提供一些额外的关心或便利，那么，在对方看来，这是一些物超所值的价外之物。

其实，输赢是一种很个性化的感受，适当调整行为风格，就可以让对方找到赢的感觉。

在本章中，我们先了解了戴蒙德教授的谈判模型，又了解了盖茨先生的谈判钟面模型。结合10多年的实战、研究与培训经验，我提出了谈判分析仪表盘。这是一款非常有效的监控谈判过程的工具。最后，我还分享了制订以签订协议为目标的谈判计划的一些建议。在第6章里，我们将会看到如何就开局、中局、终局制订谈判方案与应对之策，以及探讨报价、让步、备选方案等专题。

武向阳（左）与世界犹太人理事会主席杰克·罗森（右）

> 如果我们想让步，就一定能让对方尝到甜头；如果我们不想让步，纵使对方使出千钧压力，也无法迫使我们让步。因此，谈判中的让步，一定是设计出来的。

第 6 章

执行谈判方案

缘道求术，瀑落九天

> 战斗不仅是为了赢得权力，而且要表明你是一位高明的斗士。不高尚的征服不是胜利，而只是对手的屈服。
>
> —— 巴尔塔沙·葛拉西安:《智慧书》

很久以前,有一位财主临终前,把三个儿子叫到跟前,对他们说:"我快要不行了,这是遗书,写明了怎么分配我们家的17头骆驼。你们拿去吧。"

老财主入土的第二天早上,三个儿子急忙拿出遗书,分配骆驼。他们看到,父亲在遗书上写道:按照你们年龄和独立生活的能力,我决定把二分之一的骆驼分给老三,把三分之一的骆驼分给老二,九分之一的骆驼留给老大。

他们看过遗书,却因为分配骆驼一事争论起来,甚至大打出手,却也没有结果。原因是,17的二分之一、三分之一和九分之一都不是整数,三个儿子都不想放弃自己的零点几头骆驼。

一位长工撂下手中活计走过来,说:"三位少爷,我刚才听到了你们争吵的起因。我有一个办法,可以让你们得到更多骆驼。"三位少爷面面相觑,不相信这位长工。长工接着说:"如果我做到了,你们就免除我今年的租子,怎么样?"三位少爷相互看了一眼,点头同意。长工说:"你们稍等,我马上回来。"

过了一会儿,长工牵着一头骆驼进来,把这头骆驼和财主的17头骆驼拴在一起。三位少爷看到18头骆驼,脸上挂满了笑容。长工说:"三少爷,现在有18头骆驼,你牵走二分之一吧。"三少爷掐指一算,发现自己占了便宜,屁颠屁颠地跑到圈里,开心地牵出九头骆驼。

长工又对二少爷说:"二少爷,你牵走三分之一吧。"二少爷高兴地牵出来六头骆驼。

大少爷看着他俩牵着骆驼,开始着急了。长工对大少爷说:"大少爷,别急。你去牵走九分之一吧。"大少爷和长工一起走到圈里,发现还有三头骆驼,他问长工:"我牵走两头,怎么还余下一头骆驼?它是谁的?"长工笑着说:"这一头是我从家里牵过来的呀。"

三位少爷都得到了比自己预想得多一些的骆驼。尽管他们始终都没有明白其中缘由,但各自都得到了比自己预想得多的骆驼,也就草拟了一份证明,给这位聪明的长工免除了一年租子。

这个故事告诉我们,面对即将到来的谈判,不要被或有或无的假设禁锢了思维,也不要被表面现象束缚了手脚。站高一线,向前一步,尝试站在不同视角思考问题,学会整合第三方,总是可以找到更多解决方案,化解看似无解的难题。

开局原则:气氛!气氛!气氛!

万事开头难,谈判亦是如此。尤其在非常正式的谈判场合,双方面对面分坐两边,气氛难免会自然而然地紧张起来。著名相声表演艺术家冯巩先生在春晚舞台上,都在变着花样说"我想死你们了",以此营造一种轻松活泼的气氛,与他随后表演的节目相得益彰。

走心的问候语。通常情况下,我会面带微笑,扫视对方成员,把目光停落在对方关键座位上的人脸上,和缓地说:"一切都好吗?"这也

是斯图尔特·戴蒙德教授最喜欢用的一句开场白。他认为,这是一个普通的问题,但却不是一个简单的问题。它至少包含了四种谈判技巧。

第一,这句问候有助于你和对方建立一种良好的人际关系,让对方觉得你既亲切又健谈。

第二,提问是收集信息的好方式。

第三,从对方的情绪和感受开始,也是表示对他们的重视。

第四,这句看似在随意闲聊,却可以营造轻松舒适的氛围。

在数次有意尝试使用这句开场白过后,我发现,这句话会在对方团队成员之间引发一丝骚动,比如调整坐姿、轻咳一声、触摸一样东西等,而对方的关键人员则会报以微笑、点头示意。最差的情况是,对方关键人员直接回复:"时间有限,我们直接开始吧。"

精心准备一份礼物。沃顿商学院谈判策略研究专家理查德·谢尔认为赠送礼物属于谈判的一部分,有利于营造友好氛围。他列举了两个案例说明赠送礼物的作用。

彼得与大众电影公司洽谈如何拯救HBJ公司。在首次谈判中,双方都很小心谨慎,而彼得则跳出原定程序,送给大众电影公司的迪克·史密斯一块令人难忘的手表,并以此建立良好关系,最终达成协议。

西方石油公司CEO阿曼德·哈默(Armand Hammer)第一次参与利比亚石油特许开采权的投标过程中,把标书写在羊皮卷上,卷起来,用象征利比亚的绿黑双色缎带扎好。他用阿拉伯风俗手段赢得了合同。

与对手分享嗜好、相似经历或共同利益。我在《谈判兵法》一书中,分享过一段亲身经历。

2014年7月,我受清华大学河南校友会邀请,由广州飞往郑州讲授谈判课程。当天晚上,主办方设宴欢迎我及第20届"谈判兵法"的几位学员。我的籍贯在河南，大家都是地道的老乡，交流甚是融洽。

其中，我与清华大学河南校友会副秘书长赵振华老师聊得尤其投机。在深度交流后，我们发现，他是滑县人，我是濮阳人，两个地方搭界相邻；我们的血型都是O型；属相都是虎；喝酒都会脸红；最近都处于亚健康状态等等诸多相似之处。

由于我们相谈甚欢，相见恨晚，双方都给彼此留下了深刻的印象，并且开始寻找共同合作的机会。

在这一点上，理杰德·谢尔和我有同样的认识。他在自己的作品中，讲述过一个类似案例。时代华纳传奇创始人史蒂夫·罗斯（Steven Ross）打算代表一家汽车租赁公司与一家停车场进行谈判，争取可以获得免费停车的权利。谈判开始前，他发现停车场老板凯撒·基梅尔是一位狂热的赛马迷，拥有赛马，并参与比赛。罗斯特意拜访了一位拥有赛马的亲戚莫蒂·罗森塔尔。

他走进基梅尔的办公室，扫视整个房间，目光停留在一个相框上，这里边是基梅尔的马站在一场大型赛事的冠军组的照片。罗斯盯着照片看了一会儿，故作惊讶地说："这场比赛的2号马是莫蒂·罗森塔尔的。"基梅尔听到这句话，笑了起来。后来，两人在商业上联手投资了一家公司，并成功上市。

进一步思考，我又找到了我与谈判大师理查德·谢尔的共同之处。如果我与他有机会同台交流，我想这或许会是一个非常好的开场白。

良好的气氛是因人而异的。 有些人喜欢冷静理性的气氛，有些人喜欢舒适温暖的气氛，有些人喜欢轻松活泼的气氛……因此，针对不同类型的谈判对手，我们需要营造不同风格的气氛。

英国著名谈判专家克莱夫·里奇（Clive Rich）参加一次合资企业的谈判，双方正在热情友好的气氛中推进谈判事项时，己方一位成员无意间提出了他们的备用价格方案，想以此驳回刚刚做出的一次重大让步，但对方却认定这次让步已经是达成一致的了。谈判气氛急转直下，开始相互提出一些十分苛刻的条件，甚至故意刁难。

此时，一位六岁的小女孩闯入会议室，开始在沙发上翻跟头，并向对方人员撒娇，问他们是否愿意给她做恐龙。一系列可爱调皮的动作让人无法拒绝，并一举驱散了会议室的紧张气氛。在接下来的谈判中，双方在友好的交谈中，结束了谈判。

虽然营造良好的开场气氛并不一定能够保证谈判共赢，但至少可以给谈判对手留下一些印象和出其不意的"回忆之处"，有利于建立长期关系。

中局原则：紧盯目标，进退有度

谈判中局是谈判的主体环节，也是谈判的关键环节。当然，中局也是最艰难的阶段，各利益相关方会就某些条款展开深入细致的探讨、试探、让步、紧逼，直到达成共识。

我在《谈判兵法》一书的第 6 章，阐述了中局的进退策略。在这里，我们从首席谈判官的角度阐述，如何做到以退为进。

西班牙传奇哲学家巴尔塔沙·葛拉西安说："以退为进是一种重要的掩饰技巧，先让别人看到优势，以此为诱饵，来左右别人的意志。你要表现得好像以他人的利益为重，而实际上，只是在为自己的利益铺路。同样，对待那些开口就说'不'的人，要设法避过这一击，开口时要小心掩饰自己的意图，不让他们觉得说'是'有多难。"

面对别人扔过来的热土豆，千万别接。 在谈判中场，双方通常会围绕一些具体条款，展开寸土必争的"巷战"。此时，我们提出一些要求或条件，经常收到这样的反馈："我们的预算里不包括这一项。我没有这样的权力。"我的恩师罗杰先生针对这类问题，研究了大量的国际谈判案例，并提出一条切实可行的应对之策——验证真实性。

有一次，罗杰先生给一家顶级卫生维护组织（HMO）的销售人员提供培训服务。距离培训还有几个星期，这家机构的培训主管邀请罗杰先生共进晚餐,借机让罗杰对这家机构有一些初步了解。

他们约在当地最好的法国餐厅就餐。当服务员把甜点端过来时,罗杰说:"我建议,你应该给贵机构的每一名销售人员配一套我的录音带,他们可以随时随地学习我的课程。"同时,罗杰在脑袋里计算出这批录音带的价格是5 200美元。这位主管思考了一下,说:"罗杰,这或许是一个好主意,但我们没有预算了。"

许多谈判人员遇到这种情况时,会沿着对方的思路进一步想:他们还有多少预算?如果我们把价格下降到预算额度内,就可以成交了。

罗杰老师及时调整了思路,退了一步问:"你们的财政年度到什么时候结束?"她说:"9月底。"这个回答让罗杰看到了进一步的机会。他们会面的时间已值8月份,本财政年度只余下1个多月了。罗杰说:"你们在10月1日就会有新的预算了,是吗?"

培训主管回答:"是的,我想是这样的。"

罗杰说:"那好。我可以先把录音带寄给你们,然后在10月1日再寄账单,你看这样可以吗?"这位主管爽快地答应了。罗杰老师在不到30秒钟的时间里,做成一笔5 200美元的生意。

罗杰老师用自己亲身经历的案例告诉我们,面对对方抛过来的热土豆,我们的第一个动作是"让土豆飞一会儿",找出土豆热的原因,然后才是接住土豆。

临渊羡鱼,不如退而结网。世界著名谈判大师吉姆·坎普(Jim Camp)认为,当对方一直处于否定、敌对的一面时,就要用以退为进的策略。这样可以触动对方,让他们震惊,从而反思自己对不对。

著名影星罗伯特·雷德福(Robert Redford)在电影《法网神鹰》(Legal Eagles)里,饰演了一位经验丰富的律师。在这部电影里,切尔茜·迪尔登被控谋杀了情人维克托·塔夫脱,雷德福担当切尔茜的辩护律师。

在法庭上,雷德福在标准的开场过后,话锋急转:"看到原告摆出证据后,我也相信,被告谋杀了维克托·塔夫脱。毕竟,如果我当时走进那个房间,看到维克托·塔夫脱躺在地板上,死了,凶器上满是切尔茜·迪尔登的指纹,我也会认为她是凶手。

现在,我们就别浪费时间了……认定切尔茜·迪尔登就是凶手的请举手?"此话一出,庭下一片哗然。

大家来看下,雷德福如何应用以退为进的策略,说服法庭陪审团的人。第一步,陪审团成员认定切尔茜有罪,雷德福表示同意。第二步,他引导陪审团成员,认识到自己的观点是多么偏激,让他们猛然醒悟,回到谨慎客观的立场上。第三步,当陪审团成员开始动摇时,雷德福暗示,切尔茜可能是无辜的,他说:"我们都认定她有罪,是不是?我们究竟在干什么呢?我们有一条法律原则'无罪推定',这是为了保护大家和大家的权利……"

在谈判桌上,我们有时会遇到强硬对手,他们分寸必争,寸步不让。这时,我们不如先同意他们的观点,避免针锋相对,造成更大冲突。然后,我们再从其他方面,思考对策。

让步,是设计出来的。2017年6月20日,英国脱欧谈判正式开启。从中新网的一篇新闻报道中,我们得知,第一轮谈判结束后,欧盟首席谈判官米歇尔·巴尼尔(Michel Barnier)对媒体表示:"我目前的思维框架当中,不打算让步或者要求对方让步。它不是要惩罚,也不是要报复。基本上，我们是在执行英国的决定，让它离开欧盟，瓦解43年耐心建立的关系。在这样一个大局内，我会尽我所能将情绪放到一边，坚持看事实，看数据和法律基础。并与英国合作，一同达成共识。"

米歇尔·巴尼尔在第一轮谈判中，明确表明"不让步"的态度。在我看来，这是"狮子大开口"策略的变相应用，也是在为中局让步堆积筹码。

让步在价格之外。普林斯顿大学心理学家丹尼尔·卡尼曼（Daniel Kahneman）认为："财务决策的内容未必是金钱，它也有可能是关于某种无形的动机，比如说获得自豪感，或者避免让自己后悔。"我在《谈判兵法》一书中提到，大多数谈判都包括六个方面的待谈事项：价格、交货、采购量、付款方式、合作时间以及产品质量。尽管价格是双方关注的焦点，而谈判高手通常擅长把对方的注意力引向其他五个事项。毕竟，综合考虑这六个方面，谈判者才可能获得更多回旋空间。

让步是自愿的，而非迫于对手压力。有一次假期，我难得有时间在家里陪女儿玩耍，我带着她在小区里溜达。遇到邻居家的奶奶带着小孙子，她可能认识我家女儿，老远就打招呼。我家女儿也主动朝她们走过去。奶奶对自己孙子说："我们和你的好朋友，交换玩具，好不好？"小孙子不乐意。奶奶说："他们在一起玩的时候，经常会交换玩具。"然后，奶奶又哄了一会儿，小孙子终于乐意和我家女儿交换玩具。

可是，好景不长。不到五分钟，她家小孙子就把我家女儿手中的玩具抢走了。我女儿开始哭闹起来。

在日常生活中，我不自觉地养成了一个"职业习惯"——凡事都与谈判放在一起思考一下。当我把这一个细节与谈判放在一起思考时，觉得意义非凡，甚至有一种通透的感觉。

小孙子把玩具让给我家女儿玩，并不是出于自愿，而是迫于奶奶的哄诱或压力，所以，他会马上抢夺回去。对于谈判桌上的双方而言，如果我们使用压力，迫使对方让步，那么，对方很可能会在其他条款方面向我们索取。如果我方的让步，也是迫于对方的压力，那么，我们很难

保证对方不会继续向我们施压。但如果我方的让步是自愿的（即使承受着对方的压力，也要表现得像自愿一样），那么在对手看来，这才是一种尊重，也才是有价值的。就像孙武说的那样，只要我想战，即使敌人高垒深沟，也不得不与我战；只要我不想战，画地守之，敌人就没有办法与我战。

进一步说，如果我们想让步，就一定能让对方尝到甜头；如果我们不想让步，纵使对方使出千钧压力，也无法迫使我们让步。因此，谈判中的让步，一定是设计出来的。

由于在《谈判兵法》一书中，我阐述了更多的让步技巧，比如以诱人的承诺代替让步，注意观察对方的让步模式以及对方开心、我方得好处的终极让步秘诀。因此，在本书中，我把近两年最新的思考，分享给大家。

没有筹码，那就创造新筹码。有一位聪明的商人，他对儿子说："我给你挑选了一位老婆。"儿子很不高兴地说："我不要你选的，我自己会找老婆。"

商人又说："她可是世界首富的女儿。"儿子转怒为喜，点头答应。

次日，这位商人找到世界首富说："我帮你找到了一位好女婿。"

首富说："我女儿还没想要结婚。"

这位商人又说："这位年轻人是世界银行的副总裁。"首富稍微停顿一会儿，说："好吧！"

接下来，这位商人又找到世界银行总裁，告诉他："我向你推荐一位副总裁。"

总裁说："我已经有10多位副总裁了，不需要了。"这位商人说："他是世界首富的女婿。"这位总裁兴奋起来："哇！好呀！"

我们暂且不深究这个典故的真实性，但它给我们带来的启发性还是值得思考的。

在谈判过程中，我们有时会感觉到了穷途末路，无计可施了。在这种情况下，我们才是挑战自己的创造力的时候。没有"柳暗"，何来"花明"？更何谈遇到"又一村"的惊喜呢？

谈判者不妨站高一线，从更广阔的视角思考这场谈判的可能性，或许可以得到更多。

终局原则：绝对成交，签订合同

谈判到此，就像雕塑大师制作一件雕塑一样，大体轮廓已然成型。无论你雕塑的是大卫，还是维纳斯，现在，几乎没有可能在维纳斯的基础上，雕出来大卫了，反之亦然。

在谈判终局，我们要做的是，精修雕像，要么是让大卫再性感一些，要么是让维纳斯再美丽一些。

驳船战术。2017年4月26日，世人举目的国产航母正式下水。通过网络直播的画面，我们发现，这个长度超过300米的庞然大物，在小驳船的牵引下，缓缓退出船坞。

在不可思议之余，我再次体会到四两拨千斤的巧妙之处。我的老师罗杰先生也认为，每次再多花一点力气，就可以达到最不可思议的结果，或者让世界上最难说服的客户把订单给你。

签字前，仍然可以说：NO。有一次，一位学员告诉我："武老师，我和一位客户在口头上都答应签订合同了。我派了一位销售经理拿着盖好章的纸质合同，到他们公司盖章。想不到的是，他们老板又觉得价格偏高，反悔了。他们太不守信用了，我到现在还在生他的气，也没有联系他。"

我耐心听完他的描述，报以微笑，说："看来，你没有认真听我的《谈判兵法》课程呀。"他一脸愕然，没有明白我的意思。我说："我在课堂上，分享绝对成交的18种策略时，讲到过'最后的反对'策略。"他不置可否，用眼睛盯着我。我说："在签字前，别人都可以反悔。这在情理之中，并且，此举与对方是否守信用没有关系。或者，这有可能只是他们的一种谈判策略。"

这位学员马上明白了我的意思,快速掏出手机,给自己的销售经理打了个电话,安排了一些工作。

在谈判3.0思维模式里,我们要实现各方共赢,但我们也应该明白,我们无法控制任何一方怎么想,怎么做,使用什么样的策略对付其他人,但我们能够做的是,控制好自己的行为,将自己的策略落实到位。如果我们将对手的一些反常行为推定到人格或为人的高度,其必然结果是限制了我们自己的合作动力。在佛教教义里,这是一种严重的分别心,实不可取。

协议达到预期了吗? 罗杰老师认为,当谈判进行到终局,我方一定要争取起草协议,并且每一次修订,都要审定合同内容。当然,在签订协议过后,我们既要预防发生"协议后协议"[①],又要评估我方是否采取"协议后协议"策略。

那么,如何评估协议是否达到预期呢?列维奇先生曾经引用过布莱恩·谢泼德(Blair Sheppard)总结的检验协议是否达到预期的问题列表。

◎ 有阐明签署协议目的的导言吗?

◎ 各方感兴趣的问题都解决了吗?

◎ 建议都可行吗?

◎ 是否与协议涉及的各方都进行了商议?

◎ 对于协议的每一条,是否将取得的共识(包括要做什么、谁来做、何时完成以及如何做)都表述得十分清晰?

◎ 协议整体意思清楚吗?

◎ 考虑过履行协议的主要障碍是什么吗?

◎ 有对协议内容出现争议时的解决手段吗?各方是否清楚采用的手段以及如何运用?

我们阅读这份问题列表,可以发现,它的确有助于我们从各利益相

---

① "协议后协议",指在双方签署正式协议后,又提出一些条件或要求。

关方的角度，考虑协议是否被大家共同接受。同时，我们也可以初步、粗略地判断协议与预期的距离。在第 9 章里，我们会详细阐述评估谈判结果和履行协议需要注意的一些问题。

在本章中，我们从首席谈判官的角度，沿着谈判开局、中局到终局的顺序，提出了一些谈判原则。如果把这些原则和《谈判兵法》的具体技巧结合使用，更加有助于我们在谈判实战中收获更好的结果。

在第 7 章里，我将会系统地阐述谈判过程可能会遇到的障碍以及化解的方法。

武向阳（右）被悍高集团续聘为首席谈判顾问

> 我们遇到"冻冰棍"僵局时，不妨暂时搁置坚硬的僵局，用温和的方式围绕一些无关宏旨的议题，展开谈判，寻求共识。

第 7 章
谈判桌上的六只拦路虎，其实都是"纸老虎"

> 寒冷的冬天，豪猪挤在一起，相互取暖，以免被冻僵。但过不了多久，它们就感觉到了彼此身上的刺，于是，它们分开一些。然而，寒冷使它们再次聚集在一起，可是它们身上的刺再次迫使它们分开。它们分合好多次过后，终于在最大程度的温暖和最小程度的疼痛之间，找到一个平衡点。
>
> —— 阿瑟·叔本华：《叔本华美学笔记》

2013年1月8日,凤凰卫视在《凤凰大视野》栏目中,回顾了中美"入世"谈判。我简要摘录了一些内容。

解说:1999年11月10日上午,以石广生为首的中国代表团和巴尔舍夫斯基重新坐回了谈判桌,这一次,谈判地点设在北京,这是中美双边谈判的最后一场谈判,进行得异常艰苦。

石广生:谈判了六天六夜,这个中间就很曲折,有的时候互相谴责,有的时候互相让步,有的时候发怒,有的时候代表团还跟我们中方藏猫猫,说要回国了。……这个美国人的谈判跟别的谈判不一样,他是没有时间节点的,他没有说是上班时间谈,下班就走了。他就说现在咱谈,谈了三个钟头,休会,两个钟头后再谈,包括深更半夜。

解说:中美双方为各自国家的利益唇枪舌剑,锱铢必较,甚至为争执难下的谈判条件敲桌子,砸板凳,当中美入世谈判几乎再次面临破裂(在此之前,因为美国轰炸我国驻南斯拉夫联盟大使馆,中方中止了谈判。在美方正式公开道歉后,双方重启了谈判。)之时,朱镕基总理亲自赴谈判前线并指示,今天一定要谈下来,并亲自出面,把最棘手的七个问题找了出来,要亲自与美方谈判。

主持人陈晓楠：谈判当天，几个重大问题还没有解决，谈判陷入了僵局当中，中方决定由朱镕基、钱其琛、吴仪、石广生和龙永图五个人和美方的三位代表谈判。在谈判的最后环节，中美双方只剩下7个问题，无法达成共识。在中美双方准备谈判的时候，朱镕基对大家说，今天一定要签协议，不能让美国人跑了，我来跟他们谈。当美国人抛出前三个问题的时候，朱镕基都只有一个回答：我同意。当美方抛出第四个问题的时候，朱镕基说，后面四个问题，你们就让步吧。如果你们让步，我们就签字。美方在五分钟后，同意了中方的意见。

这档节目真实再现了那场艰难、至关重要的谈判。国家之间的谈判可以称得上是顶级谈判之一。在这类甚为复杂的谈判过程中，顶级谈判专家遭遇的困局和难题，化解的难度之大，通常都是外人难以想象和体会的。

在这次入世谈判过程中，美方轰炸了中方驻南斯拉夫联盟大使馆。直到现在，我依然清晰地记得，全国各地大中城市，人民自发走上街头，发起请愿活动，声讨美方恶行。

在这非常时期，中方领导人直接中止了此次谈判，并向美方提出严正交涉。实际上，此次事件很有可能向更加严重的方向发展，那就不只是中止入世谈判这么简单了。

后来，美方迫于中方的舆论压力，正式道歉并赔偿。直到奥克兰APEC会议期间，两国元首进行会面，才达成一致，重启谈判。

当然，在日常商业活动、工作或生活中，人们时常会遇到谈判。在这些谈判中，利益相关方难免会处于劣势、遇到障碍、发生冲突、陷入僵局、中止谈判、甚至出局。在本书中，我把这六种情况比喻成六只拦路虎，并且，让大家认识到它们的真面目——纸老虎。

接下来，我们依据这六只拦路虎给谈判造成的困难程度，依次讨论。

通过学习和运用，我们可以把顶级谈判专家的智慧转化为自身的技能，让我们的谈判能力更上一层楼。

劣势：伏藏赢术

在《谈判兵法》中，我特别开辟一章，阐述劣势谈判的策略与技巧，如利用准则的力量、着眼于对方的薄弱点、设法影响规则制定者等。

在这里，我想与大家分享近年来，我对于"势"的一些新思考。《孙子兵法·虚实篇》写道："夫兵形象水，水之形，避高而趋下；兵之形，避实而击虚。水因地而制流，兵因敌而制胜。故兵无常势，水无常形；能因敌之变化而取胜者，谓之神。故五行无常胜，四时无常位，日有短长，月有死生。"在战场上，指挥通过调动兵力，因敌变化，最终取胜。在谈判桌上，谈判官则需要从三个层面，认识"势"。

首先，谈判桌上无定势。谈判开场之后，利益方通过展现各自的实力，争取一些优势。所谓优势，其实是相对于劣势而言的。正如《道德经》所言："天下皆知美之为美，斯恶已。皆知善之为善，斯不善已。故有无相生，难易相成，长短相形，高下相倾，音声相和，前后相随。"在我看来，势之优劣，亦如此。在各方对比与交锋中，优势与劣势才能够被发现。同时，势之优劣，时刻处于变化或转换之中。

其次，不发谓之势，发之谓之力。在物理学中，势能被认为是一种储存于一个系统内的能量，也可以释放或者转化为其他形式的能量。势能不是属于单独物体所具有的，而是相互作用的物体所共有。谈判桌上的势能也是如此，它无法孤立存在于某一个利益方。当利益方在谈判桌上展开交锋，我们即可以判断某一方拥有较强的或较弱的谈判力。

最后，变中取势。在谈判过程中，一方面，即时调整策略、战术，积聚势能；另一方面，应用策略和战术，把势能转化为动能，或者叫谈判力。在本书第14章里，我们会更加详细地阐述如何在谈判过程中取势。

障碍：绊不倒你的石头，都是垫脚石

谈判障碍是指不同利益方在传递和交换信息的过程中，原意图受到干扰，产生歧义或被误解，导致信息失真的情况。我们在谈判桌上，经常会遇到由沟通、文化、知识、人员等因素造成的障碍。

沟通障碍。个人的沟通能力因人而异，与性格、经历等因素有关，主要体现在表达、提问、反馈等环节。

尽管首席谈判官负责谈判项目，管理谈判团队，但并不是说，他必须具备非常突出的沟通能力。如果他的沟通能力着实一般，可以安排一位擅长沟通的人士，作为主谈人，负责表达我们的诉求，提出我们的疑问，回答对方的问题等工作。

其实，有些人不善于口头表达观点，但拥有深厚的文字功底。如果能够把双方的诉求、疑问等信息，写在一页纸上，那么，对方或许能够更加准确地理解信息。

文化障碍。有一天，一只狗从一群猫旁边经过。这群猫都在全神贯注祈祷，没有注意到这只狗。狗凑近一些，听到一只肥猫带头祈祷："兄弟姐妹们，让我们一起祈祷吧。我们虔诚地祈祷，反复祈祷，神一定会给我们降下老鼠的。"

狗听到这句话，差点笑出声来，扭头离开了猫群，边走边说："多么愚蠢的猫呀！我的祖先早都知道了，也一直这样告诉我们，对神祈祷，会得到骨头，而不是老鼠。"

这个寓言故事形象地告诉我们，同样一件事情或一个物体，在不同人群看来，结果是不一样的。如果我们明知将要和拥有不同文化背景的人进行谈判，并且在准备环节透彻地了解两种文化差异，那么，在谈判过程中，基本可以避免文化差异造成的障碍。

知识障碍。知识障碍指标的工艺、技术、流程标准给参与谈判的人员造成的障碍。

谈判团队的技术专员必须精通与标的相关的技术标准，给首席谈判官提供决策依据。

人员障碍。人员对谈判造成的障碍，主要体现在相互信任、心理素质、权威、故意、情绪等方面。我们在筛选团队成员环节，可以设计一些性格测试、心理测试等内容，以求减少我方人员造成的障碍。尽管我方无法决定其他方的谈判成员，但在交锋过程中，如果他们有不合时宜的表现或不当行为，我们可以要求对方替换成员。

客观障碍。谈判利益方制订的产品质量标准和生产技术标准，不同国家或地区之间在法律、政策等方面的差异都可能是客观存在的障碍。也就是说，即使双方不发起一轮谈判，这些标准、法律或政策也是存在的，并且不以个人意志发生转移。

中国在向国外推广高铁技术时，就遇到一些客观障碍：有些国家要求的轨道宽度与我们国内的轨道宽度不相同。后来，经过多次谈判，大多数国家接受了我国的技术标准。

之所以把这些内容统称为障碍，是因为谈判人员在准备环节已经掌握了这些信息，并且预见这些障碍可能引发的冲突，造成的僵局。并且，谈判人员应该带着应对之策，坐到谈判桌旁边。障碍是在谈判准备环节就能够发现的，而冲突和僵局则出现在谈判过程中。

冲突：从分歧走向合作的关键点

值机乘客被告知航班晚点；小孩子不爱吃饭；客户不如约回款；学生不按时完成作业；员工达不成业绩……我们在工作或生活中，时常会遇到这些情况，且经常会在这些情况下，遭遇冲突。

美国国防大学行为科学教授芭芭拉·科尔韦特（Barbara A. Budjac Corvette）认为，我们对冲突的看法和对冲突所做的分析将会直接影响我们的谈判方法和谈判战略。

复旦大学熊浩教授认为：冲突是一种人际之间的紧张状态；也是人类社会的常态，只能管控，无法消除；冲突的消极面体现在破坏关系或耗散资源等,而积极面则体现在推生变革和促进反省;处理冲突,不是天生技能,而管理、处置、转化冲突既是一门学科,也是一种修行。

善意冲突和恶意冲突。在谈判准备环节,我们有时会遇到,几位团队成员围绕一个问题,发生争论,公说公有理,婆说婆有理。此时,借助外力,谈判团队通常可以得到一个最有价值的建议,最有利于达成谈判目标。在我看来,这类冲突是有利的,也是出自善意的。冲突双方的立场是一致的,目标也是一致的。他们之所以发生冲突,是因为双方的出发点不一致。

有些人为了争取私人利益,故意损害他人利益或集体利益。他们为了达到目的,甚至会动用一些不当手段。这类冲突就是所谓的恶意冲突。一位学员给我讲述了一个鲜活的案例。经过近一年的努力,公司的研发团队向市场交付了一款新产品。在较短时间内,这款产品就被市场认可,订单蜂拥而至。年终总结会上,公司高层给这个研发团队颁发了一项大奖。尽管公司给出了分配建议,但在实际分配过程中,有些人认为团队管理人员拿得多了,而技术骨干分得较少。最终,几位技术骨干选择了辞职。

在谈判桌上,各利益方之间难免会发生冲突。此时,我们应该在冲突发生初期,就明白,它是善意之举,还是恶意而为。这是应对冲突的第一个步骤。

应对策略:回避冲突、管理冲突以及解决冲突。冲突发生,多数人的第一反应是如何回避。其实,冲突一旦发生,我们很难有效回避。当然,除非我们选择出局,结束这场冲突。

解决冲突,通常是人们应对冲突的第二选择。在解决冲突的过程中,要么改变对方的看法,要么改变冲突点,要么改变自己。无论改变哪一方,我们能够改变的是某一方对冲突点的认识和利益表达,而难以改变他们自身。

管理冲突,其实是一种聪明的应对之策。我们可以把谈判过程中的冲突划分为三种类型:团队成员之间的冲突、首席谈判官与团队的冲突以及与对方发生的冲突。

针对成员之间的冲突，我们应该通过引导，让冲突各方了解自己的行为类型以及给他人造成的影响，通过自我反思和提出诉求，获得一致的结果。

当首席谈判官与团队之间发生冲突时，首席谈判官可以通过以下途径，管理冲突。

1. 避免以负责人的姿态压制团队意见；
2. 真诚倾听团队成员的建议和意见；
3. 寻求第三人，缓和对立姿态；
4. 以合作方式，寻找解决方案。

如果谈判团队与其他利益方团队发生冲突，那么，建议采用美国冲突管理专家C.奥斯古德（C.Osgood）提出的渐进与交互自动降低紧张模式。我们按照此模式的10个步骤，就可以达成和解的目的。

步骤1. 综合描述双方设定的降低紧张阶段。
步骤2. 冲突各方自行公开宣布降低紧张的第一步措施。
步骤3. 双方做出善意反馈。
步骤4. 借助具体行动，响应对方的善意。
步骤5. 即使对方没有善意反馈，一方屡屡降低紧张态势。
步骤6. 双方降低紧张的措施透明化，可以接受第三者客观公正的验证。
步骤7. 降低紧张的措施必须具有重大意义和危险性，但仍然存在报复能力。
步骤8. 严格细致地监视与控制报复性攻击。
步骤9. 双方开始商定合作。
步骤10. 双方进入和解环节。

这 10 个步骤不仅可以缓解谈判桌上剑拔弩张的态势，也可以让双方在做出善意反馈的时候，站在对方的立场，思考对方的诉求。当然，这是一套严格的冲突缓解系统。在日常应用时，可以选择使用，即可以发挥良好效果。

僵局：心急吃不了冻冰棍

在谈判过程中，如果双方无法及时清除障碍，就可能会陷入僵局。沃顿商学院教授桑德拉·希尔认为，双方进行谈判的目的是为了获取利益，但经常会因为无法达成共识而陷入僵局。

尽管双方都不想陷入僵局，但当利益冲突出现时，多半难以避免这种局面。并且，双方都感觉到巨大压力，甚至导致谈判破裂。因此，当双方陷入僵局时，应该及时找出造成僵局的原因，并积极寻找合适的应对措施。

沃顿商学院斯图尔特·戴蒙德教授对造成谈判僵局的六点原因，进行了精彩总结。

1. 在议价过程中，双方各持己见，坚定立场，毫不退让。
2. 双方没有清晰表达诉求，出现沟通障碍。
3. 谈判一方对某个人或事项带有偏见。
4. 市场、外部价格等外部因素发生变化，一方提出调整先前条款。
5. 一方过于强势。
6. 给对方造成了情感伤害。

通过分析这些原因，我们可以把僵局划分为以下两种类型：战术僵局和冻冰棍僵局。

针对战术僵局，我们应该明白，这是对方故意为之，而我们则需要见招拆招。只要准确识别对方制造的战术僵局，几乎就可以找到破解之策了。

我小时候生活在中原大地。那里的夏季十分炎热。那时，我最幸福的时刻，就是花五分钱买一支冰棍。有时候，我刚拿到冰棍，就迫不及待地张口就咬，牙齿就被硌得生疼。然后，我开始用温暖的嘴唇吮吸冰棍，喝下融化的冰水。当发现冰棍局部融化时，毫不犹豫地咬下来，大快朵颐。

谈判也是如此，我把一时难以破解的僵局称为冻冰棍僵局，而破解之策也隐含其中。因此，我们遇到冻冰棍僵局时，不妨暂时搁置坚硬的僵局，用温和的方式围绕一些无关宏旨的议题，展开谈判，寻求共识。在此过程中，一旦发现僵局有融化的迹象，则即刻跟进，达成共识，不亦快哉。

中止：谈判桌上插播一段"广告"

谈判过程中，在两种情况下，利益方可能会提出中止谈判。一种情况是，一方采取了严重损害另一方利益的行为。并且，即使正在进行的谈判取得成功，也无法弥补此举给受害方造成的损害。我把这种中止行为称为被动性中止。

在中美入世谈判过程中，美方轰炸中方大使馆，中方提出中止谈判。尽管中方主动提出中止谈判，但这是中方的被动行为。中方在中止这场谈判时，要求美方道歉。我们可以发现，提出被动性中止的一方，通常会明确提出中止的原因，并要求对方采取一些措施。此时，如果对方无法满足中止方的诉求，谈判就会沿着出局的方向发展下去。

另外一种情况是，一方为了达成谈判目的，故意提出中止谈判。我把这类中止行为称为主动性中止或战术性中止。

遇到马拉松式谈判，双方通常需要在正式开场前约定此轮谈判的时长，以及中止或休会时间。这个环节看似可有可无，但在周期特别长的谈判场合，它的作用就显现出来了。

休会期间，大家离开谈判桌，到室外走一下，到各自的休息区讨论一些决议。适度休会，还可以缓解谈判人员的紧张感与压力。

出局：谈判官的"拖刀计"

这是一招威力巨大的施压技巧。罗杰老师告诉我们，如果我们告诉自己一定要将谈判进行到底时，我们就错过了离开谈判桌的最佳时机，这时，我们很可能会输掉这场谈判。

王涛是我的一位好朋友，他在市政府招商部门工作。有一次，他给我分享了一个精彩的出局案例。

> 王涛带领一个由开发区、财政、海关、环保等机构组织的招商团队与一家《财富》世界500强公司展开谈判。为了让这家跨国公司落户当地，王涛的团队费尽心思、绞尽脑汁，克服重重困难，过关斩将，终于走到了签约环节。
>
> 王涛特意邀请市长出面，与对方CEO签约。这位CEO不仅是明星企业家，还曾获得"年度最佳CEO"称号。
>
> 签约仪式前夕，双方成员在酒店会客厅闲叙。此间，这位CEO突然说："我认为，当前的选址方案不合适，之前所做的一切工作都没有用途了，我们再重新开始选址。"此话一出，原本正在高谈阔论的市长，戛然而止，尴尬之极，下不了台。
>
> 会客厅瞬间安静下来。短短几秒钟过后，王涛走到这位CEO面前，一脸严肃地说："我代表我方政府郑重声明，为了把贵司项目安排在此地块，我们迁移了一千多人口，专门修建了一条道路，拒绝了我市一家本土企业的要求。如果贵方今天不签约，我们只好把这块土地让渡给这家本土企业。

对不起,我们的市长先生公务十分繁忙,我宣布中止签约。"王涛说完这席话,就引导着市长,向大门走去。一行人还未迈出五步,这位CEO就指使陪同人员赶快拦下市长,并表示愿意签约。

王涛事后说,他双手和后背都直冒冷汗。还开玩笑说,当时的大脑肯定自动超频了,否则,他没有胆量,也没有能力在短时间里当着市长说出如此铿锵有力的话。后来,他就成了市里有名的谈判官,负责协调各种类型的重大谈判。

在谈判过程中,双方面临着无数不确定因素。即使我们像创作电影脚本那样,细致周到地考虑了每一个环节,设计了整个过程。我们仍然需要知道,有一种情况是不情愿出局。但是在竞标类谈判中,出局概率要大许多。

唐纳德·特朗普刚宣誓就任美国总统,签署的第一份总统令就是宣布美国退出跨太平洋伙伴关系协定(TPP)。他一纸命令,让10多个国家、成百上千名谈判人员数年的心血付诸东流。尽管这样的出局方式有些武断,但可以让伙伴们迅速"死心",并寻求出路。

我们在谈判过程中,难免会遭遇这样的武断出局。此时,我们不妨洒脱一些,一方面做好本场谈判的经验总结,形成书面备忘录;另一方面,准备迎接新的谈判。

在本章中,我们逐步了解了劣势、冲突、障碍、僵局、中止以及出局这六只拦路虎。我依据它们可能造成的破坏力排位,依次分别进行了阐述。

当然,我们了解了它们的破坏力后,也需要认识到,它们也能够起到一些积极作用。比如中止可以用来打破僵局,出局则可以化解对方实施蚕食策略,僵局会促使双方进行更加深入的思考,寻找更有可能创造共赢的方案。在我们看来,冲突带来了混乱和不确定性。其实,在对方看来,局面也是混乱的。需要记住的是,谁先人一步,在混乱中掌控局面，发现利益，谁就可能占据越大优势。

我们从认识层面，剖析了这六只"老虎"的内在动因，从而揭开它们的真面目——纸老虎。

在第 8 章中，我们详细阐述谈判过程中，可能会遇到的显性风险与隐性风险，并提出一些保险之策。

武向阳（右）与世界行销之神杰·亚伯拉罕（左）

> 在变幻莫测的商业世界，不确定性如影随形，给合作关系注入一些冒险又刺激的因素。同时，这种不确定性又能够满足企业家或老板内心，对冒险的需求。

第 8 章

管理谈判风险

捕获舌尖上的黑天鹅

夫未战而庙算胜者，得算多也；未战而庙算不胜者，得算少也。多算胜，少算不胜，而况于无算乎！吾以此观之，胜负见矣。

—— 孙武：《孙子兵法》

在一次授课过程中，我与学员们进行了互动。

假设你是位水饺摊主，售卖的水饺味道鲜美又独特，在六个小时里，以每份11元的价格，卖出1 000份。一天，全国最大的超级卖场采购经理找你，洽谈合作。他们计划把你的水饺做成速冻产品，在全国数千家终端卖场销售。可预见的是，你的产品销量会翻升成千上万倍。为了简化大家的思考过程，我的问题是，你的报价应高于11元，还是低于11元？

大家经过一番热烈的讨论，超过95%的学员认为，报价应该低于11元。他们提出了以下三点理由：

1. 对方的采购量太大了，量大应该从优；
2. 批发价通常低于零售价；
3. 报价高于11元，对方肯定会拒绝。

通过这次的互动，我再次印证了一句话：真理掌握在少数人手中。当然，此次互动的主要目的可不是为了印证这句真理。接下来，我分享了湾仔码头创始人臧健和与大丸百货的谈判案例。

1977年，臧健和因家族变故，流落香港。她为了养活自己和两个女儿，在香港的湾仔码头开办了一个饺子摊。她经过数年艰苦打拼，并且长期坚守"高品质、讲卫生、听意见"三条原则，饺子摊的生意越做越红火。

日本最大的零售集团大丸百货的老板有一位重度挑食的女儿。不过，她唯独钟情于湾仔码头水饺，一口气可以吃掉20多个。这引起了大丸百货老板的注意。于是，他起意，让湾仔码头水饺进入自家超市销售。

这位老板委任谈判官与臧健和进行谈判。在第一轮的谈判过程中，臧健和毫不隐讳地说，湾仔码头水饺出自流动摊贩之手。大丸百货的谈判官听闻此言，快速结束了谈判，起身道别。

几天之后，大丸百货再次邀约臧健和，并提出条件：给她牌照，让她在大丸百货的食品加工厂生产湾仔码头水饺，且用日式包装，作为大丸公司的产品，进行销售。臧健和听完对方的发言，直接拒绝了这样的条件，并表示"进商场可以，但要体现湾仔码头的价值"。

此后不久，大丸百货做出让步，同意使用"湾仔码头"品牌，但要隐去包装盒上的地址和电话。臧健和再次拒绝了，她说："电话是我跟顾客沟通的唯一渠道，湾仔码头有今天，全靠顾客们的意见和提醒。"

大丸百货非常看好湾仔码头水饺的销售前景，再次让步，同意了臧健和的提议。双方进入价格谈判环节，臧健和虽然没有学习过谈判课程，但在无意中使出"狮子大开口"，报出12.5元，而她的零售价是11元。大丸百货的谈判官忍不住笑着说："你懂不懂做生意？你的零售价是11元，批发价却要12.5元。"

臧健和理直气壮地说："我虽然不懂做生意，但我得考虑成本。现在，我的饺子包装简单，费用较低。到你们商场销售，为了给顾客留下好印象，必须更换更好的包装，这样会增加我的成本。"一席铿锵有力、有理有据的发言让日方谈判官觉得"她不是一位简单的小摊贩，有责任心、有追求、未来不会错"，于是，当下成交，签订长期销售合同。这份合同一直执行到大丸百货撤出香港。

其实，在这场谈判中，双方力量是十分悬殊的。水饺摊贩臧健和与日本最大的零售集团大丸百货，简直就是蚂蚁和大象的体量差距。臧健和的聪明之处在于，自始至终，从来不提体量方面的话语，而是围绕品牌和技术展开，这是她的独特优势。

在课堂上，我刚分享完这个案例，一位学员直接冲上讲台，迫不及待地说："武老师，我要求发言。"我把话筒递给那位学员。这也是我的课程特色之一，学员可以随时分享感悟，及时与我互动。他说："如果几年前，我听到这个案例，我就可以省下一百多万元，并且都是净利润。"他是做甜品零食生意的，有机会让产品进入沃尔玛。在谈判过程中，沃尔玛公司的首席谈判官以量大为由，使劲压价，并把关注点引导到进场费之类的项目上来，谈及产品包装，只是提到需要换包装，但并没有严格细致地讨论标准。致使后期执行过程中，为了升级替换包装袋，不得不采购全自动化的设备，且使用更高级别的原材料。

在变幻莫测的商业世界，不确定性如影随形，给合作关系注入一些冒险又刺激的因素。同时，这种不确定性又能够满足企业家或老板内心，对冒险的需求。通常，我们可以把谈判过程中面临的风险划分为显性风险和隐性风险。

显性风险：可以定向爆破的"哑弹"

显性风险是指通过回顾过往案例，分析历史数据，评估结果与目标的差距，可以用数据准确表达的事项，如价格、质量标准、交期、技术标准等。

价格。投资大师沃伦·巴菲特认为，风险来自于我们不知道的事情。其实，在谈判过程中，风险也是来自于我们不知道的事情和我们没有预料到的事情。

臧健和预料到了替换包装会增加成本，直接在谈判过程中将成本转移给对方。我们这位学员没有预料到这项成本，或者预料不足，在执行过程中，只能默默吞下这颗"苦果"。

在谈判过程中，价格通常是利益相关方必争之地，也会以"巷战"的形式结束。我在《谈判兵法》一书中，提出"狮子口，平常心"的报价原则以及一些技巧。就像前面那位学员一样，他对替换包装带来的成本预计不足，造成的结果是，损失了一百多万元净利润。这只是价格风险的第一个层面。

在这里，我想特别提示的是，过于专注于价格，会来到价格风险的第二层面，也意味着引发更加严重的后果。2012年之前，深圳生产的"山寨"手机红遍全球。王老板在东南亚、南亚、中东、非洲等地区有许多长期客户。每个月，王老板的出货量都非常大，但在生意鼎盛时期，他遇到一个令他头痛不已的问题——订单下不到代工厂。

王老板通过朋友介绍，找到我，想请我出面，代表他与几家代工厂谈判。我没有急于答复他，而是以另外一家企业的名义，走访了几家代工厂。我从侧面了解了王老板与代工厂的谈判过程。

几家代工厂的业务经理反馈，王老板不仅非常熟悉手机生产流程，又非常擅长谈判。他通常把订单价格分解成许多细分科目，与工厂一个科目、一个科目地谈，直到工厂接受这些细分科目的价格，然后，加总后，确定订单总价格。其实，代工厂之间的竞争是非常激烈的，接单的利润也是非常薄。经过王老板这么折腾，代工厂除却成本，几乎毫无利润无言。

王老板在与代工厂谈判过程中，犯了两个错误。一是把优势变成了劣势。熟悉订单生产过程及组件价格，这其实是一项非常大的优势，或者说是"利器"，但使用不当，会伤害自己。二是做到了"思利"，但没有做到"及人"。俗话说，水至清则无鱼，人至察则无徒。因此，我与王老板第二次会面，给他详细分享了"思利及人"的共赢式价值谈判思路。

由此看来，价格带来的第二层面的风险是，过于纠缠价格，可能没有人愿意与我们谈判了。因此，"思利"是谈判前的准备工作之一，不应该让其他利益相关方知道这一过程，而"及人"则是谈判桌上的一门艺术，让他们赚取你早已知道的利润。

质量标准。 据媒体报道，2013年第一季度，富士康生产的iPhone手机因外观不符合标准或功能不良等质量问题，遭到苹果公司退回逾500万部。如果按照每部iPhone手机约200元的人工成本核算，返工500万部手机，仅人工成本就需要10亿元。大多数情况下，质量是一个后验证性指标，或者说，它有一个较长的"潜伏期"。

现代质量管理之父W.爱德华兹·戴明认为，为了弥补质量问题，会花费巨额的成本。其实，事后补救措施，或许可以挽救一单生意，但无法挽救终端消费者对品牌的认知。

三星Note7手机电池爆炸被连续曝光几次后，在消费者的认知中，对三星手机产生了深厚的质量疑云。那么，我们如何对质量标准进行量化与约束呢？在谈判过程中，生产委托方和代理方为了防范质量风险，都必须遵循以下五条原则：

1. 利益相关方共同参与质监管控，不只是生产方的责任。
2. 高质量可以让利益相关方降低成本，提高效率，增加利润。
3. 慎用"低价者得"思维选择合作伙伴。
4. 要求供应商提供质量承诺书，并且明确惩罚措施。
5. 与供应商发展战略合作关系，共同制订质量改进措施。

交期。交期也是谈判过程的关键事项之一。按合同履约，如期交付货物是卖方的基本义务之一，也是买方的基本权利之一。在实际交付过程中，交期却成为利益方最难如约履行的条款之一。

当交付发生变动时，通常造成成本增加、信誉受损，甚至影响到合作关系。因此，我们建议，在谈判过程中，从以下几个方面着手管理交期风险。

1. 借助专业征信公司、商会或行业协会，进行资信调查。
2. 把延期责任写进协议（如每延迟一周，罚没合同金额的X%，总罚金不超过合同金额的Y%）。
3. 对于资信良好的伙伴，可提高预付款项，支持其生产、采购等活动。或者，设立提前交货奖金。
4. 明确合同履行过程中的关键节点，允许利益方按时监督或检查。如有必要，可互派监督员。

和质量标准一样，交期也是一项滞后指标。因此，在参考同类项目，制订某场谈判的交期时，务必考虑到特殊因素，避免陷入被动境地。

技术标准（知识产权、专利技术）。2017年6月，东芝官方宣布，将NAND闪存业务出售给SK Hynix。这也意味着贝恩资本、INCJ、SK Hynix组成的美日韩联盟最终胜出，而博通/银湖资本、台湾鸿海、美国西部数据落败。

东芝董事长对外表示，之所以选择SK Hynix，是因为他们不会导致东芝技术外泄。在商务谈判过程中，专利技术和核心技术人员通常会成为利益相关方眼馋的肥肉。当然，这也是起草协议时，需要关注的重中之重。

上述几项风险，谈判团队可以在准备环节，收集数据、案例，提前制订明确的预防措施，从而起到一定的规避作用。

隐性风险：潜藏于过程的"定时炸弹"

隐性风险是指需要通过研判过程，结合历史经验，才可以得出的一些无法用数据表达的结论，如文化（含国别差异、民族差异与组织差异）、人员、软性技能等。

政治和政策风险。 国际局势风云突变，"黑天鹅"事件频发。美国总统特朗普的逆全球化倾向，正在给全球贸易与发展造成越来越大的影响。英国脱欧谈判已经重启，谁也无法保证会不会出现第二个"英国"。中东依然乱成一锅粥，背后的大国较量越来越直接。中国周边国家与地区受他国蛊惑与煽动，也会不时搞鼓一些小动作。

对于从事国内贸易的企业而言，面临的政治风险较少，但会面临一些政策层面的风险，比如日趋严格的环保监管、区域市场进入壁垒等。

市场风险。 谈判的市场风险主要体现在贸易保护、汇率与利率三个方面。央视网在一篇报道中提到，从 2008 年到 2016 年 5 月，20 国集团经济体共采取 1 583 项新的贸易限制措施。其中，美国采取的贸易保护措施多达 636 项，远超 20 国集团其他成员。2016 年上半年，全球贸易保护主义继续发酵，从 2015 年 10 月中旬到 2016 年 5 月中旬，20 国集团成员平均每个月新采取措施多达 21 项，为 2008 年国际金融危机以来所罕见。

人民币已经加入 SDR 货币篮子，国际化步伐越来越快；自 2016 年以来，美元已进入加息周期；日元仍然维持负利率；黄金处于半山腰位置上下徘徊。这些都是国际主要货币的汇率发生较大幅度波动的影响因素。在从事跨境业务的谈判时，汇率风险会成为一项必须谨慎考虑的条款。

从事国内贸易的企业，更多需要关注的是国内利率的变化。此轮降息周期已近尾声，资本成本会随着加息周期的到来，变得越发昂贵。

文化差异风险。 戴蒙德教授认为，跨文化差异是指在谈判中，因对方脑海中明显不同的观点和看法而产生的各种差异。

他在讲述文化差异带来的风险时，引述了前苏联总理赫鲁晓夫在联合国大会上，用皮鞋敲桌子的典故。

  1960年，前苏联总理赫鲁晓夫在联合国用他的鞋子用力敲打桌子，对西方国家进行威胁。虽然对这一事件的报道众说纷纭，但许多研究性文章指出，赫鲁晓夫在联合国用鞋敲打桌子不过是虚张声势而已。

在戴蒙德看来，这不过是一起文化误解，并不会真正引发核战争。对于大多数企业而言，我们需要了解的是，不同利益方之间的组织文化的差异。以效率和绩效考核为导向的文化，遇到以质量管理体系为指导的组织，双方通常需要在交期方面，磨合很长时间。扁平化组织遇到层级复杂的组织，通常会被对方的决策效率吓倒。

因此，在谈判准备环节，了解与调查对方的组织文化特点、决策流程以及沟通方式，都会有助于避免在谈判桌上发生一些不必要的行为，甚至不可挽回的损失。

人员风险。在谈判过程中，选择合适的首席谈判官是一件至关重要的事项。同时，组建谈判团队，选择成员也不可忽视。在本书第三章里，我们详细阐述了谈判团队成员的构成以及选择标准。除了考虑成员的业务能力之外，对于他们的性格、沟通能力、情绪控制能力等方面也应该有所考虑。

《道德经》第68章写道："善为士者，不武；善战者，不怒。善胜敌者，不与。善用人者，为之下。是谓不争之德，是谓用人之力，是谓配天古之极。"其实，我们可以把这段话作为首席谈判官个人修为的标准之一。

政治和政策风险、市场风险、文化差异风险与人员风险是一组比较难以量化的风险。通常，这些风险在爆发时，我们才能意识到它们的存在，明白它们造成的损失。

购买保险：避免"好价格，烂交易"

自谈判准备环节开始，所有参与谈判的成员都应该正视风险。这些行为有利于保护谈判价值，争取更加稳妥的协议。

商务人士通常被戏称为"空中飞人"，他们因工作需要，时常搭乘飞机，往来于不同城市。但避免不了的是，时常会因为紧急事项，没有赶上预订的航班。此时，航空公司提供的灵活改签业务就变得十分有价值了，而他们并不需要为此支付更多成本。

英国谈判专家史蒂夫·盖茨认为，当我们发现，计算风险的成本非常高昂，或者达成共识的概率极低时，保险或许就成为了待谈事项。比如，如果对方无法如期支付款项，我方为了避免此举造成的风险，就应该为此项协议产生的库存或备货购买一份保险，或者为这笔货款投保。并且，我们应该将保险金计入合同总金额。

针对无法预计某项风险造成的后果，我们最好的做法是，把这项风险变成一项谈判条款。就像保险公司向个人销售疾病保险时一样，他们必然会将一些疾病排除在保险合同之外。原因是，在他们的精算师看来，纳入这类疾病，其风险水平会严重影响到他们的风险评估算法。

如果……会怎么样？我们在谈判团队内部，可以使用"如果……会怎么样？"这样的句式，引导大家对谈判风险的思考。

◎ 如果对方无法按时付款，结果会怎么样？
◎ 如果对方的质量无法达到要求，结果会怎么样？
◎ 如果他们提前终止合作，结果会怎么样？
◎ 如果汇率发生了重大调整，结果会怎么样？
◎ 如果对方更换了首席谈判官，结果会怎么样？

在预备会议上，团队成员可以互相提出这类问题。不仅可以列示对方的行为对结果造成的风险，也可以列示己方行为对结果造成的风险。

划分责任，寻求补偿。我们把风险列示得尽可能完备了，然后，就可以把重点转移到明确责任方面了。如何降低某项风险？如何共同承担某项风险？如何设计补偿条款？如果需要购买保险，那么，保险金额就要计入合同总额。

当然，为了规避或控制谈判风险，我们可以为交易标的购买保险。除此之外，我们可以通过调解、仲裁、诉讼等法律手段，寻求帮助。最后，暂停或中止合作也是一种有效的规避措施。

在本章中，我们详细讨论了谈判的显性风险和隐性风险，以及购买保险措施。即使如此，我们论及的谈判风险，与真实商业世界发生的风险相比，也只是冰山一角而已。因此，在每一场谈判中，首席谈判官的责任心和执行力都会历经莫大考验与挑战。

在第9章里，我们将阐述如何对一场谈判进行复盘和评论结果。

武向阳（右）与《心灵鸡汤》作者马克·汉森（左）

在不同的时间周期里，观察同一场谈判，我们会得出不同的启示。

通过月度、季度和年度评估，从整体上掌握谈判项目的性质和价值，首席谈判官就可以依据本期数据，制订更加有效的下期计划。

第 9 章

复盘过程与评估结果
把经验内化成能力

复盘作为一种从经验中学习的结构化方法,虽然深入做到位并不容易,但基本操作方法易学易用,快捷有效。

—— 邱昭良:《复盘+》

> 尔时大王,即唤众盲,各各问言:"汝见象耶?"
> 众盲各言:"我已得见。"
> 王言:"象为何类?"
> 其触牙者即言象形如芦菔根,其触耳者言象如箕,其触鼻者言象如木臼,其触脊者言象如床,其触腹者言象如瓮,其触尾者言象如绳。

这是出自《大般涅槃经》第三十二品的盲人摸象的典故。这个典故告诉我们,对于同一个事物而言,不同人从不同角度观察,可能会得到不同结果。通常情况下,一个谈判团队包括首席谈判官、技术人员、财务人员、法律人员等。并且,他们有明确的分工,承担着不同的职责。

在谈判过程中,团队成员分别关注不同的点或面。因此,当一轮谈判结束后,我们有必要把大家召集起来,回顾谈判过程,共享信息,商定下一轮谈判策略。

复盘:把经验内化成能力

什么是复盘?在中国古代,"复盘"一词指两个人下完一盘围棋后,重新在棋盘上演示对弈过程,交流棋道和战法。如今,"复盘"在金融投资和企业管理这两个领域里,被广泛使用。

一是在金融投资领域,股票、期货、大宗商品、外汇等市场操盘手在交易日收盘后,必须对当日的行情和操作进行回顾和分析,统称为复盘。

二是在企业管理咨询行业,复盘指回检过去一段时间的战略、项目或经营业绩。复盘与月度、季度或年度总结的不同之处在于,复盘偏重于过程,总结则偏重于结果。联想创始人柳传志在一次讲话中说:"复盘就是一件事情做完后,成功了或者没有成功,尤其是没有成功的,大家一起坐下来,把整个过程回忆一下,我们先前怎么定的,中间出了什么问题,为什么做不成,把这个过程理一遍,之后再做时,就可以吸收这次的经验了。"

目前,联想、华为、江淮汽车等众多企业都把复盘当做一种有效的工作方法,广泛应用于不同层级的日常工作。邱昭良博士是研究和推广复盘方法的专家和先导,他在这方面取得了令人瞩目的成就。他认为:"当今时代,我们周遭的环境以及我们自己都在快速变化之中,复盘绝不只是两次事件或阶段性的活动。复盘不只是一种方法,它更是一项持续的修炼,是一种生活方式。"

复盘有哪些好处?第一点好处,不重复同样错误。哈佛大学教授大卫·加尔文(David Garvin)认为,学习型组织的快速诊断标准是"不犯过去曾经犯过的错误"。这也正是复盘的第一点好处。

著名外科医生阿图·葛文德(Atul Gawande)从以色列科学家的一项研究结果中发现,重症监护室(ICU)的病人在24小时内,平均接受178项护理操作,且每项操作都伴有风险。医护人员操作的错误率已经下降到1%,但仍旧意味着,每一位病人在一天之内,会承受两次错误操作。

他进一步研究发现,在这些错误操作中,有一些错误操作是重复发生的。那么,如何避免医护人员发生重复的错误操作呢?

葛文德医生为此困惑了好长一段时间。有一天,他注意到医院新建医疗中心工地上的建筑工人，忙碌但有序地开展着工作。他觉得，医护人员与建筑工人的工作有一些类似。于是，他拜访了一位杰出的建筑商，并发现了奥秘。这家建筑公司在建造一座建筑之前，会制订一份详细的施工计划。同时，他们还会制订一张"建议日程安排表"。这张表格详细规定了沟通任务，而不是施工进度。一线施工员遇到突发问题时，及时汇报给项目经理，项目经理立即在建议日程安排表上，安排相关专家在某日，讨论此问题，经过充分沟通与讨论，给出行动方案。在这份表格上，列示了某方面专家在什么时候，参与讨论什么问题。他发现，即使经验丰富的建筑专家，也相信沟通的力量，解决问题的主要依据是团队智慧，而非个人智慧。因此，葛文德医生认为，有效沟通可以有效减少错误操作。

那么，我们的谈判过程与重症监护、建筑施工也有许多类似之处。不同人员掌握不同方面信息，也面临着不同困难。当遇到困难时，我们可以邀请有关专家和成员，共同商讨论证，给出应对之策。

第二点好处，沉淀隐性知识。1958 年，迈克尔·波兰尼（Michael Polanyi）通过大量研究，提出显性知识和隐性知识的概念。显性知识指通过书面文字、图表和公式表述出来的知识；隐性知识指人们知道，但难以表述的知识。后来的学者在研究过程中，从技能和认识角度，把隐性知识划分为两大类别。第一类是技能类，包括非正式的、难以表述的技能、技巧、经验和诀窍等。第二类是认识类，包括洞察力、直觉、感悟、价值观、心智模式和组织文化等。

谈判高手可以解读对手某种行为背后的思考路径，发现深层次的诉求。通俗而言，他们通过复盘大量谈判实战，积累了别人无法复制的隐性知识，练就了能够解读话外音的能力。

第三点好处，分享知识、传承经验、提升能力。复盘是一种有效的经验学习方式。团队在针对某个项目进行复盘过程中，把知识分享给了其他成员，也把经验传递给了其他成员。参与过复盘的成员，在遇到同类或相似问题时，就可以把之前学习到的知识和经验，应用出来，转化为解决问题的能力。

著名企业家柳传志认为，不断地总结，每打一次仗，就针对性地进行复盘，弄清楚仗是怎么打的，胜在哪里？败在哪里？通过多次这样的复盘，水平自然就得到了提高。

如何复盘？邱昭良博士通过大量研究和实践，把复盘划分为个人、团队、组织和项目四种类型。在企业日常运营过程中，从采购、销售到并购、合作，谈判通常被作为一个个独立的项目，进行管理。因此，在本节中，我们重点学习邱昭良博士提出的项目复盘方法。

在调研过程中，邱昭良博士发现，由于项目周期较长，可能会遇到人员调动，堆积诸多问题和畏难情绪。因此，他建议，项目复盘应该采取多重迭代式的操作模式，将复盘融入项目运作之中，分层分类，逐次进行。

分层级复盘。首先，把团队成员划分为不同类型的小组，分开复盘。他们可以定期或以关键节点为期限进行复盘。其次，项目团队组织小组负责人或代表，参与项目整体复盘。

分阶段复盘。首先，针对关键事件或控制性活动，进行及时复盘。或者，针对一件新事件、新情况、有价值的事件以及未达预期的项目进行复盘。其次，项目团队约定，定期复盘。再次，把长期项目划分为不同阶段，在完成某阶段后进行复盘。最后，项目完成后或结束前，进行一次全面复盘。

邱昭良博士认为，项目复盘的关键成功要素在于领导重视、专人负责、积少成多、图难于易以及把复盘当成推进工作的一部分。

回顾"谈判分析仪表盘"，谈判复盘

我们在本书第 5 章阐述了"谈判分析仪表盘"，包括了目标及利益分配图、关系评估图、谈判力分析图以及策略工具箱等五大工具。这五项工具可以使谈判过程实现可视化，也方便管控谈判过程。

现在，我们把复盘方法和"谈判分析仪表盘"结合起来，看一看，如何对谈判进行复盘。

我们在第5章讲述"谈判分析仪表盘"时，要求大家在谈判过程中，如实记录准备策略和使用策略。与此同时，把使用策略后获得的结果在对应的图表上标示出来。现在，我们是时候拿出之前的图表，按照以下步骤，对比来看，进行回顾与复盘了。

1. 收集"谈判分析仪表盘"包括的图表；
2. 以技术、财务、法律等职能，划分复盘小组。首席谈判官可选择参与的小组；
3. 各小组分头组织复盘会议，分阶段或依照谈判轮次，进行复盘，提供复盘报告；
4. 首席谈判组织全员或小组负责人参与总体复盘。
5. 形成完整的谈判项目档案。

在复盘过程中，我们需要注意以下事项。

1. 分析所用到的策略及带来的效果。与此同时，评估策略箱里没有用到的策略及效果。
2. 分析对手的策略和你的反制策略，并逆向思考：如果我们使用这样的策略，对手会使用怎样的反制策略？
3. 描述对方谈判成员的特征和性格。
4. 收集对手使用的策略，充实到我们的策略工具箱。
5. 无论是小组复盘，还是全员复盘，都需要调动大家发言的积极性，避免出现一言堂的局面。

这里列举的复盘步骤和注意事项仅是我们在研究和实践过程中的一些心得。不同组织，不同的首席谈判官在把这些知识点转化成实践技能的过程中，应该依据实际情况，进行调整和完善。

我们把复盘和"谈判分析仪表盘"结合起来，对谈判过程有了更加清晰的认识，也可以总结出来一些可以复制的经验和方法，推而广之。接下来，我们来看一看如何评估谈判结果。

我在《谈判兵法》一书中强调，谈判的结果不能武断地划分为输和赢两种情况，而应该划分为五种情况：赢、和、输、破、拖。

> 赢，指在谈判过程中，谈判各方经过磋商，取得一致意见，签订协议，终止谈判，实现共赢的结局。这是谈判3.0思维模式形成的必然结果。
>
> 和，指双方不再就谈判利益争执不休，而折中各让一步，就结果达成一致，签订协议。这是一种在谈判2.0思维模式中，形成的双赢结局。
>
> 输，双方没有任何交易与交集，没有合约，没有合作。这种结果还停留在谈判1.0的思维模式里，也是我们应该避免出现的。
>
> 破，破局并不意味着谈判结束了，而是指遇到对手咄咄逼人又不让步的情况。此时，我们需要鼓足勇气，使用策略，从破走向立。
>
> 拖，指在谈判过程中，经过一轮或数轮交锋后，未能达成一致意见，处于暂时中止谈判的状况。

我们基于共赢思维开启一场谈判，却没有获得共赢的结果。这也无可厚非，一次未能签订协议的谈判，并不意味着我们一无所获。更多时候，我们从失败中可以学习到更多东西。

提升"失败回报率"

3M公司传奇董事长威廉·麦克奈特在一些讲话中提到:"带着冒险和挑战精神,才能完成最好和最难的工作,但错误是在所难免的。"大多数人像麦克奈特一样,一方面认为失败是有意义的;另一方面基于预算、资源的有限性,希望可以避免失败。

如何计算失败回报率?伦敦商学院教授朱利安·伯金肖(Julian Birkinshaw)和沃顿商学院团队动力学专家玛蒂娜·哈斯(Martine Haas)通过大量研究,提出失败回报率计算公式。

失败回报率=从失败中获取的"资产"/投入的资源

从失败中获取的"资产"包括客户和市场信息等,投入的资源包括金钱、人力等内容。伯金肖和玛蒂娜发现,当人们采取正确思维模式时,可以有效提高失败回报率。有些失败可以转化为企业对市场的洞察力,有些失败可以作为经验教训,在内部推广,促进企业与个人成长。

如何量化投入的资源?谈判大师吉姆·坎普提出,在谈判桌上,大胆说"不"是一种有效的谈判策略。他认为,我们在为一场谈判制订预算时,应该考虑可以投入的金钱、时间、精力和情感四个方面资源。

金钱是一个容易量化的指标。通过记录,时间也基本可以量化为数字。精力和情感却难以用数字进行量化。

坎普认为,谈判高手借助经验、使命和目标,可以大致判定投入的精力和情感。他发明一个简单的公式,量化投入的资源。

时间=1

精力=2

金钱=3

情感=4

在这里，数字表示各项的相对重要性。也就是说，精力比时间更加重要，金钱比精力更加重要，而情感比金钱更加重要。

如果在谈判中，你投入了时间和精力，那么，你的总投入 =1（时间）×2（精力）=2

如果在谈判中，除了时间和精力，你还投入了金钱，那么，你的总投入 =1（时间）×2（精力）×3（金钱）=6

如果你在谈判中，投入了情感，那么请当心！这场谈判的总投入会急剧膨胀，总投入 =1×2×3×4=24。当你在某件事情上，投入感情时，你会越发担心失败，也更加渴望成功。如此一来，你可能会忽视对其他几项资源的投入情况。

严控预算，对超额说"不"。"时间就是金钱，效率就是生命。"是20世纪80年代，深圳蛇口工业区提出的一句口号。在谈判中，时间也是金钱。我们在谈判中，投入越多时间，决策的难度也会越大。更何况投入过多的金钱和情感了。就像玩老虎机一样，每多投入一个硬币，而没有拿到奖励，越想再多投入一个。

由此看来，在谈判桌上，投入越多金钱，就会投入越多时间；投入越多时间，就会投入越多精力；投入越多精力，就会投入越多情感。这四个因素相互交织在一起，某一项失控，另一项可能就会超额。那么，我们应该如何严格控制预算呢？

1. 明确拒绝对方提出的过分要求，如更多准备、更多调研、更多样品。
2. 根据己方的时间表推进谈判事项，如会面、回复邮件、电话等。
3. 加强自律意识，恪守使命和目标，放弃无关紧要的成果，甚至诱惑。
4. 感觉到对方敷衍塞责或漫不经心，明确指出对方在浪费双方的时间和精力。

在首席谈判官看来，谈判的结果追求的是共赢，但过程却是一场角力与反角力的过程，甚至可以称之为一场残酷的游戏。胜利后的喜悦和失败后的痛楚潜藏在每一张谈判桌下面，时刻准备冲出来，毁灭你或谈判对手。因此，首席谈判官自始至终，都需要紧盯目标，严格自律，控制预算。

谈判，也要进行月度、季度与年度评估

大多数公司的销售、生产等业务部门和财务、人力资源等职能部门往往都需要进行月度总结、季度总结以及年度总结。作为首席谈判官，无论其是否领导独立的谈判部门，都应该进行月度、季度和年度的总结与评估。

1. 找出类似的谈判项目，复盘过程，对比结果，总结经验。
2. 统计谈判达成协议的概论，计算成功的概率。
3. 评估过程谈判项目的价值，如对销售额的贡献度、对采购成本的影响多少等。
4. 制订下一个周期的谈判计划，调整优先次序和投入的资源。

在不同的时间周期里，观察同一场谈判，我们会得出不同的启示。例如，原本十分重视的大客户谈判，可能并没有明显提升销售额，反而是一系列的新客户开发谈判，促进销售额大幅增长。如此来看，接下来，我们应该把更多资源倾斜到新客户开发的谈判项目。

通过月度、季度和年度评估，从整体上掌握谈判项目的性质和价值，首席谈判官就可以依据本期数据，制订更加有效的下期计划。

行文至此，本书的第二部分（第 4～9 章），与首席谈判官实战训练有关的内容即将告一段落。在本部分里，我们依次阐述了确定谈判目标的方法；使用谈判分析仪表盘，让过程实现可视化；开局、中局和终

局执行方案的原则；谈判过程中的六只"拦路虎"；管理谈判风险以及复盘过程，评估结果。

以上这些内容都是首席谈判官必备的内化能力，在本书接下来的第三部分（第10～14章）里，我们将讨论如何在企业内部开展谈判培训、股权谈判、演讲谈判、谈判心理学和谈判官的境界等外延能力。

第三部分

功夫在诗外

企业如何从日常销售、采购、人事等日常运营中,提炼谈判案例,开设内训课?

潍柴控股集团董事长谭旭光面对高盛集团在谈判桌上的无礼举止,甩手离开。如果高手非要在谈判桌上动怒,那么,他究竟如何用"怒气"换来"和气"?在看不见硝烟的股权争夺战场上,谈判就是你获胜的"主力军"。

武向阳（左）与世界第一销售大师乔·吉拉德（右）

> 我们可以把日常与人交流沟通的每一个触点，看做一次谈判练习，并运用谈判技巧，提升谈判能力，获取想要的结果。

第 10 章

谈判内训课
全员学谈判，人人用谈判

波浪拍岸也嫌累，白白撞得粉碎；得寸都很吃力，进尺谈何容易。

背后远方的支流小溪，才是大海潮涨潮落的主力。

—— 亚瑟·休·克拉夫：《不要说斗争是徒劳无益》

有一次,我陪伴家人游览湘西的凤凰古城。途中,我去一间商店购买饮用水。一位30多岁的妇女拎着一袋物品,拉着一个七八岁的小男孩走向门口的柜台。老板看到他们走了过来,从柜台里面端出一盒糖果,热情地让小男孩自己抓一把。小男孩看看糖果,看看老板,再看看妈妈,却没有下手抓糖。小男孩的妈妈把购物袋放到柜台上,想帮助他来抓糖。小男孩带着撒娇的口气说:"我就要叔叔给我抓糖。"

老板和妈妈听到这句话,都乐了。老板端着糖盒绕到柜台前面,笑着抓了一把糖果,塞到小男孩的上衣口袋里。妈妈连声说谢谢。他们结账后,走了出去。

我买了几瓶水,走了出去,看到刚才的母子还站在路边上。我从他们旁边经过时,听到了他们的对话。妈妈问:"你为什么自己不去抓糖,还等着叔叔给你抓?"小男孩仰着脸说:"叔叔的手比我的手大,抓得肯定会更多。"我有些吃惊,觉得道不远人,人真的不可貌相。这个男孩真聪明,他知道借助他人的大手,笑着给自己更多糖果。

这个故事发生在好多年前,但时至今日,我仍然在课堂上,多次向学员们分享。这个小男孩用实际行动,在不知不觉中践行了我在《谈判兵法》中倡导的共赢式价值谈判策略——让对方有赢的感觉，为自己争取更多。

大道理往往看起来简单，实践起来却十分困难。那么，我们如何把共赢式价值谈判思维，从理解层面，提升到实践层面呢？

罗杰·费希尔、威廉·尤里和布鲁斯·巴顿通过长期研究发现，谈判在许多方面和体育有共同之处：有些人有天生的优势，比如最优秀的运动员，他们可以从准备、训练和指导中获得最大收益。而那些天资略为逊色的人更需要准备、训练和反馈，并且可以从中获益匪浅。不管你属于哪种人，都有许多需要学习的地方。只要你付出辛勤的努力，就会有回报。这全在于你自己。因此，我特意开辟一章，阐述如何搭建案例库；指导员工在日常工作与生活中，刻意练习谈判；挖掘引爆谈判力的临界知识；谈判必备的两大思维核武器等内容，协助企业或政府机构组织谈判内训课。

搭建案例库：谈判智慧之源

案例教学是一种通过模拟或重现实际工作、生活中的场景，引导学员进入案例场景，通过讨论或分析，进行学习的一种方法。此方法最早应用于医学教学，后被引入法学和管理类教学。在讲师的引导下，参与学习的个人一起思考、讨论、寻求多种方法与结果，从中提炼共性知识、经验或技能。

案例来源。通常情况下，案例可以分为内部案例与外部案例。

企业内部案例来自于全员日常工作的记录与总结，收集整理过后，形成完整的案例，以供其他同事学习。2017 年 7 月 20 日，《解放军报》罕见地披露了神秘的中央军委"一号台"。这个单位隶属于军委联合参谋部，驻地位于京西一个小院子，由清一色女兵组成。她们需要记住 3 000 多个电话号码。当领导说出要找的人时，她们会立即把电话转接到那个人的电话机上。

军报的报道展现了"一号台"女兵的 3 个细节：

第 1 个细节是 24 小时备战值勤；

第 2 个细节是下连第一课是参观荣誉室；

第 3 个细节是遇到特殊情况应记下来。

文章在披露第 3 个细节时提到：无论白班还是夜班，女兵们下班后，会将当天发生的特殊业务处理过程、方法和心得输入特殊情况处理案例库，并对案例进行编号，签名确认。

这些女兵经过训练后，可以做到零误差传达指令，保证指挥通畅。企业需要向"一号台"女兵学习的是，整理谈判案例库，详细记录每一次谈判过程，尤其是特殊情况及应对方法。其实，如果我们留心观察，就会发现业务线、生产线、人事线等不同职能部门的工作人员都在各自的"谈判桌"上，与对方斗智斗勇，唇枪舌剑。因此，我们提倡大家，要求员工在日常工作中，记录工作日志，并且针对特殊情况总结成完整的案例档案。

我们在本书的第 3 章，简述了谈判团队的成员及职责，并且把"记录谈判过程"纳入行政文秘专员岗位职责。

企业外部案例。我在谈判兵法与首席谈判官培训课堂上，融合了大量国内外知名企业的谈判实战案例。这些案例也可以作为企业内部学习与讨论的案例。

有时候，我们为了突出重点，对案例进行了简化。这也是一种有效的学习方法。一个案例传递一类知识或一项技能。学员更加容易接受与掌握这些方法。

案例教学的五个步骤。案例教学是企业内训的重要学习方法之一。它包含五个步骤。第一步，确定教学主题以及要解决的实际问题，并且有针对性地整理案例与学习资料。

第二步，课前安排参与学习的人员、时间和地点，并分发案例资料给学员。如果讨论人数超过 20 人，建议以 6~8 人为一个小组，在课前进行小组讨论。在课堂上，由小组长分享讨论成果。

第三步，在课堂上，学员或组长轮流阐述成果。

第四步，针对其他学员或组长的发言，发表意见，进行讨论。

第五步，总结共性知识、经验与技能，并且对案例本身进行完善与存档。

在谈判兵法课堂上，我会把学员以两人一组的方式，分成若干组。一人扮演买方，另一个扮演卖方。并且，我们分别给他们一个不同的底线。然后，他们依据要求，进行谈判，得到结果后，反馈给全体学员。

谈判，更需要刻意练习

10 000 小时，成为谈判天才？畅销书作家马尔科姆·格拉德威尔在《异类》（*Outliers*）一书中提出"10 000 小时法则"。他写道："人们眼中的天才之所以卓越非凡，并非天资超人一等，而是付出了持续不断的努力。10 000 小时的锤炼是任何人从平凡变成超凡的必要条件。"英国知名神经学家丹尼尔·列维京（Daniel Levitin）通过研究发现，人类脑部确实需要这么长的时间，理解和吸收一种知识或技能，然后才能达到大师级水平。顶尖运动员、音乐家、棋手……需要花 10 000 小时，才能让一项技艺至臻完美。

音乐神童莫扎特的父亲也是一位音乐家。莫扎特过六岁生日前，就已经在父亲的指导下，练习了 3 500 小时。他在 21 岁就写出了轰动世界的第九钢琴协奏曲。我们可以试想一下，他在 21 岁之前，练习了多少小时？

"田坛飞人"刘翔从七岁开始训练跑步，苦练近 15 年，最终在 2004 年雅典奥运会以 12.91 秒，夺得男子 110 米栏冠军，并打破奥运会纪录。

沃顿商学院戴蒙德教授认为，无论你是谁，性格如何，都能通过学习成为一名更出色的谈判者，从而争取更多利益。在 20 余年的教学生涯中，戴蒙德教授亲眼看到无数人在他眼前变成了更出色的谈判者。

他们通过谈判在生活中争取更多有利因素，对自己，也对他人都有了更加清晰的认识和了解。

由此可见，谈判作为一门技能，是可教授和学习的。并且，通过长期练习，任何人都可能成为谈判高手。

刻意练习谈判。读到这里，可能会有一些读者产生疑问了。刘翔每天可以抽出三四个小时，练习跨栏和跑步。我们即使想练习谈判，怎样才能找到足够多的人呢？假设一场谈判历时两个小时，那么，一位普通人在通向谈判高手的路上，必须找到 5 000 场谈判。即使每一天都有一场谈判，这位普通人需要 5 000 个白天，即 13.6 年。太难了吧！

其实，我们只要做到下面三点，就可以在三到五年里，练习谈判超过 10 000 小时，成长为有实力的谈判者。

首先，树立谈判无处不在的观念。谈判专家赫布·科恩写道："你所面对的现实世界其实就是一个巨大的谈判桌，不管喜欢与否，你都是局中人。"孩子有时不想写作业；总在忙碌，没有时间陪伴家人；父母总是要求你按照他们的想法做事；工作中遇到一个非常武断的上司、苛刻的客户、难以沟通的同事……我们难免会遇到诸如此类的情况。而如何处理与他人的关系，不仅可以影响我们的事业发展，还会关系到我们的生活品质。我们的生活和工作，其实是由一系列的谈判串联起来的，每一个与他人交叉的触点，都潜藏着一次谈判。

其次，在日常生活中，有意识运用谈判技巧。我每天都会接收到许多次陌生来电。之前，每当我看到手机屏幕显示的是陌生号码，通常会直接挂掉。直到有一天，我的做法彻底发生了变化。那天，我正和一位令人尊重、拥有数万学员的培训师共进午餐。此时，他放在桌面上的手机发出"嗡嗡"的振动声。他拿起手机，看了一眼屏幕，接通了电话。他耐心地倾听对方的自我介绍，然后说："谢谢你的介绍，我暂时不需要。不过，我从你的介绍中，听出了一些不足之处。如果你想提升成交率，请报名 *** 的课程。凭此号码，报名费优惠一成。"

他说完这些话，挂掉手机，对我说："抱歉，好为人师是培训师的

'职业病'。"席间，这段小插曲并没有引起我的注意，我们两人接着商谈合作事宜。

当天晚上，我接到一个陌生电话。就在那一瞬间，一个灵感划过我的脑海。我按下电话接听键，耐心地听完对方的介绍。对方是某银行的一位理财产品经理，向我推荐一款信托产品。我说："谢谢你向我推荐这么棒的产品，我暂时不需要。不过，我从刚才的介绍里，发现了一些不足之处。如果你希望提升成交率，请报名谈判兵法的课程。凭此号码，报名费优惠两成。"我说完这席话，对方回答："谢谢。"然后挂了电话。

放下电话的那一刻，我彻底明白了前辈这席话的丰富内涵。如果把它当成培训师的"职业病"，那就大错特错了。一方面，这是一个向核心目标客户推荐课程的绝佳良机。即使对方没有报名学习课程，但至少他知道有一门可以帮助他提升成交率的课程。另一方面，这是一次用实际行动诠释"思利及人"理念的机缘。既然我发现了"利"，就应该给予他。

从此以后，我看到陌生号码，在时间和场所允许的前提下，都会这样表述。

最后，看重过程，看淡结果。美国佛罗里达州立大学心理学家安德斯·艾利克森（K.Anders Ericsson）对运动员、音乐家等人群进行了大量研究，提出"刻意练习"这一概念。这套练习方法的核心假设是，专家级水平是逐渐练习出来的，而获得有效进步的关键在于找到一系列的小任务，让受训者按顺序完成。

我们可以把日常与人交流沟通的每一个触点，看做一次谈判练习，并运用谈判技巧，提升谈判能力，获取想要的结果。

构建首席谈判官的临界知识

在物理学中，临界质量是指产生核爆炸所需要的裂变材料质量。只有突破这一临界值，才能产生惊人的核爆炸。《好好学习》一书作者成

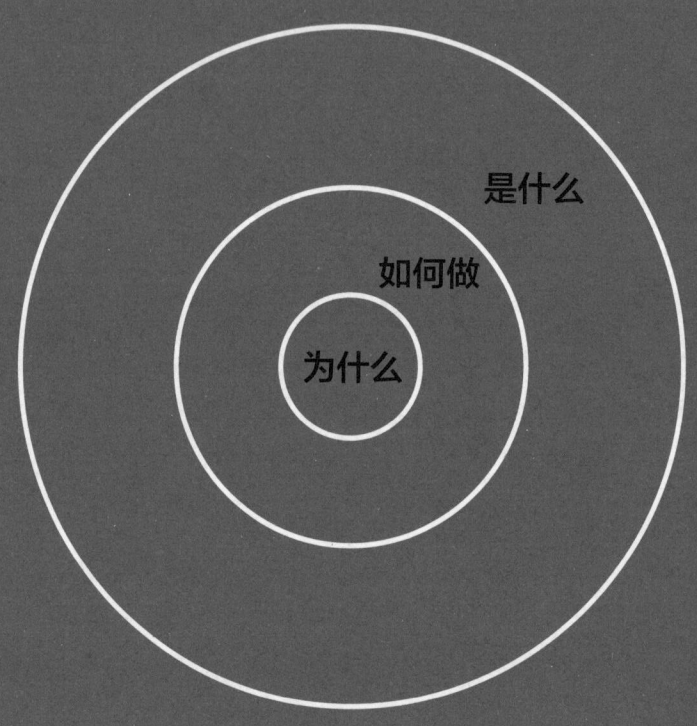

图10.1 黄金思维圈

资料来源：[美]西蒙·斯涅克著，苏西译：《从"为什么"开始》，深圳：海天出版社，2011年11月。

甲把这一概念套用到知识管理领域，创造性地提出临界知识。他认为，有些知识也能够发生裂变，可以对我们生活的很多方面进行指导。当我们储备的临界知识达到一定量的时候，就会产生惊人的威力。

通过梳理谈判领域的专业知识，我认为，首席谈判官应该掌握下面三种临界知识：共赢式价值谈判思维、黄金思维圈和系统思维。

共赢式价值谈判思维。我在《谈判兵法》一书中，提出共赢式价值谈判思维，强调以人为本，对人文精神的关注。我认为，谈判双方的目的是实现共赢，通过沟通交流，持续创造价值，并能够关心对方的感受与需求。这是一个深度关心、深度理解、深度促进，从而深度融合、深度接纳的过程。在此思维框架之下，谈判演变成一种新的价值创造方式，让利益相关方都能够获取价值，赢得更多。

黄金思维圈。美国畅销书作家、知名 TED 演讲大师西蒙·斯涅克（Simon Sinek）在《从"为什么"开始》一书中提出"黄金思维圈"这个概念。他把我们的思维层次划分成三个套在一起的圆圈，见图 10.1。从内部往外部，依次是"为什么""如何做""是什么"。

斯涅克认为，我们认知世界的方式应该是从"为什么"开始，逐层向外扩散的。而绝大多数人在思考问题时，却是从"是什么"的角度出发，少数人是站在"如何做"的层面思考，只有极少数人会从"为什么"的层面思考问题。

我们看待一场谈判，亦是如此。大多数人从"谈什么"开始，收集信息与资料。有些人从"怎么谈判"层面思考一场谈判。极少数人会从"为什么谈"层面思考一场谈判，而这就是首席谈判官看待一场谈判的出发点，是其最真实的起心动念，也是谈判的价值引爆点。

系统思维。系统思维是指把认识对象作为系统，从系统和要素、要素和要素、系统和环境的相互关系、相互作用中，综合考察认识对象的一种思维方式。它不仅可以引导我们从全局层面思考认知对象，还可以窥探认知对象的内部结构，尤其是要素之间的关系。

在谈判过程中，通常会涉及多个利益相关方。如果简单地以"非你即我"的二元结构认知一场谈判，很难发现谈判的价值所在。因此，使用系统思维的方法，从结构上分析谈判的价值和利益，是首席谈判官的必备思维技能。

针对这三种临界知识，我们可以在日常工作中，运用三个技巧，持续提升谈判能力。成甲总结了三个提升学习能力的技巧：记录、定期回顾和付费购买。我发现，这三个技巧也适用于提升谈判能力。

首先，记录。我们不妨回顾一下，我在前文提出的"谈判分析仪表盘"和搭建案例库。这其实是两种记录方法。懂得学习的人都知道，原始记录是提升技能的关键。就像许多体育比赛一样，教练都会带着运动员，一起观看实况录像。通过观看实况录像，找到改进与提升的空间。因此，我们在提升谈判能力的过程，也应该时刻记录每一场谈判过程。

其次，回顾。我们在企业内训课上，时常回顾过去的谈判案例，以应对将来的同类谈判。短期回顾指以周或月为单位，检验方法和策略是否正确；中期回顾以年为单位，审视思维方法，探寻更多可能性；远期回顾指5年以上的回顾，发现影响这些年的基本规律。

最后，付费购买。我非常认可成甲的这一做法，也与他有一些类似行动。一方面，我看到一本书，只要觉得有一些用处，就会毫不犹豫地买下来。更重要的是，我买一本书，并不是为了读完，而是择其有用之处，阅读并消化，融入到我的知识系统中。考虑到"首席谈判官"这个概念是我在国内首次提出来的，无论中文参考资料，还是外文参考资料，都是凤毛麟角。在为《首席谈判官》这本书收集资料，整理思路的过程中，我几乎把带有"首席"两个字的书全都买了下来，甚至包括一些文学书。

另一方面，付费购买专业课程。我会有意付费参加许多领域知名讲师的培训课程。除了学习他们的特长之外，还拓宽了我的视野。这些课程使我有了一些快速吸收某领域的前沿知识的机会。

借用成甲的方法，我们应该带着绿灯思维，了解包括本书在内的谈判知识；带着"以慢为快"的心态，进行具体学习，把有限的时间和精力花在掌握谈判的临界知识上。

麦肯锡公司挖掘对手需求的 SCQA 分析法

日本谈判专家高杉尚孝把麦肯锡公司提出的"逻辑金字塔"思维框架应用于谈判、报告或演示的设计图，并取得了良好效果，见图 10.2。

高杉尚孝认为，把谈判理解为"以提高双方满意度为目标的交流"时，找出对方的关注点是一项很重要的工作。因为只要能够确定对方的关注点，在这上面多下功夫，就容易提高对方满意度，而对方提高了满意度，也会反过来想着提高我们的满意度。他创造性地把麦肯锡公司在咨询中使用的 SCQA 分析法引入到谈判，并把其作为在谈判准备环节找出对方关注点的有效手法。

SCQA 分析方法是通过分析对方的心理，将对方可能感兴趣的重要事项以疑问句的形式表现出来。

第一步，确认对方的具体形象，相当于给对方画像。这是分析的出发点，也是关键一步；

第二步，尝试描述对方到当前为止所经历的稳定情境（Situation）；

第三步，设想能够破坏上述这些稳定情境的情况，以及能够带来的巨大变化、致使事态进展不顺的问题，制造障碍（Complication）；

第四步，从第二步到第三步的过程中，以疑问（Question）句式，设想对方可能重视的事项。疑问句本身就是对方关注点的反映；

第五步，思考第四步中提出的疑问句的答案，给出能够提高对方满意度的答案（Answer）。理想的情况是，这个答案已是我们在谈判过程中的提案之一。

在本章，我们简述了通过刻意练习谈判，人人都可以成为谈判高手，

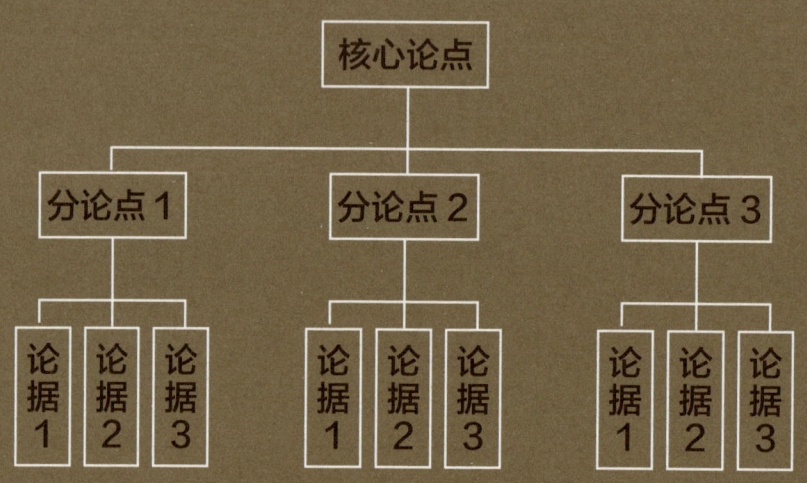

图10.2 麦肯锡公司提出的"逻辑金字塔"示意图

资料来源:[日]高杉尚孝著,程亮译:《麦肯锡教我的谈判武器》,北京:北京联合出版公司,2016年2月。

也可以在日常工作中，应用谈判技巧，为企业赢取更多利益。同时，我们也对企业如何安排谈判内训课给出了一些思路和建议。在第 11 章中，我们会阐述股权、融资、并购等项目的谈判。

武向阳（左）与国际财商大师罗伯特·G.艾伦（右）

> 如何界定产权、如何规避风险、如何融合文化、如何协调利益……这些问题绝非法规制度和会计师精算能够解决，所有并购最终都必然演化成一场又一场的谈判，并购方案其实就是谈判的结果。

第11章

股权谈判关键点
摘取商业谈判金字塔的桂冠

一个人事业上的成功，只有15%是由于他的专业技术，另外的85%要依赖人际关系和处世技巧。专业技术是硬本领，善于处理人际关系则是软本领。

—— 戴尔·卡耐基：《人性的弱点》

  2012年8月10日下午四点，意大利米兰市，阴转多云，26摄氏度左右。王子酒店二楼会议室，一张红色长桌的两侧，整齐地坐着两排人。一阵激烈的争辩过后，双方不约而同地安静下来。温暖的阳光透过落地窗，斜射进来，照在现场人员的身上。他们看起来疲惫至极，昏昏欲睡。

  突然，一位人员猛地从座位上站起来，冲着对面大吼了一声："Bullshit!"

  坐在对面的翻译人员犹豫了两秒钟，然后如实转述给旁边的谭旭光。身为潍柴控股集团董事长，谭旭光浑身带风一样，"噌"地站起来，把手上的一摞文件"啪"地砸在桌上，撞倒一只水杯，文件连同水杯一起溅落地上。旁边几位昏昏沉沉的谈判人员见此场景，着实被吓了一跳，面面相觑，但又不知所措。

  "不谈了！"谭旭光撂了一句话，转身就走。

  高盛欧洲区主席正在为刚才脱口而出的脏话追悔莫及，又被眼前的举动惊得目瞪口呆。他眼巴巴看着潍柴谈判团队成员一个跟着一个离席而去。几位在场的高盛股东，连同CEO都慌了神，赶紧追上谭旭光道歉。即使如此，谭旭光依然甩手离开。

这是潍柴控股集团与高盛集团、KKR集团进行的多次谈判过程中的一个场景。在这次谈判过程中，潍柴控股集团作为重组方，高盛集团和KKR集团作为股东方，双方围绕全球第二大叉车企业德国凯傲集团旗下的林德公司进行谈判。

我们先了解一些并购谈判的关键点，然后再来解读这起并购案。这也是一次非常难得的，近乎实战的经历。

谈判，不见硝烟的股权争夺战

2017年8月15日，证监会网站发布信息显示，按全市场口径统计，2013年上市公司并购重组交易额为8 892亿元，到2016年，该数据增长至23 900亿元，年均增长率41.14%，居全球第二位，且并购重组已成为资本市场支持实体经济发展的重要方式。

一是并购重组市场化程度不断提升，博弈充分、约束力强的第三方发行成为主流。通过大幅取消和简化行政审批事项，目前90%的并购重组交易已不需要证监会审核，上市公司经自主决策并履行信息披露义务即可实施。

二是并购重组服务供给侧改革，助力去产能、去库存、促进产业转型升级。2016年钢铁、水泥、船舶、电解铝、煤化工、汽车、纺织、电力等八大产能过剩行业共有118家上市公司实施并购重组，合计交易额2 336.78亿元。

三是并购重组促进技术升级，推动战略性新兴产业发展。2016年，新一代信息技术、高端装备制造、节能环保、新能源、新材料、服务业新业态等战略性新兴行业上市公司发生并购重组交易270单，涉及金额3 253.31亿元。

四是并购重组助推国有企业改革，支持国有企业做优做强。2016年，国有控股上市公司并购重组678单，交易金额1.02

万亿元，占全市场并购重组交易金额的 43%。

五是并购重组服务国家扶贫攻坚战略。2016 年，西部 12 省上市公司共发生并购重组 351 单，交易金额 3 138.64 亿元，占全市场并购重组金额的 13.13%，有力支持了贫困地区产业发展。

六是并购重组服务"一带一路"建设，支持上市公司提升国际竞争力。2016 年，全市场共发生跨境并购 103 单，涉及交易金额 1 118.18 亿元。

从上述六点里，我们可以看出，并购重组业务既从政策层面得到有关机构的大力支持和提倡，又得到了市场的高度认可。我们可以猜测，在今后数年里，中国企业对并购重组业务的热情会有增无减。潘黎在其撰写的一篇文章中讲到，综观企业发展史，并购是企业发展的必由之路。企业扩张有内部自然发展和并购跨越发展两种选择。内部自然发展虽然必不可少，但可能缓慢而不确定，更无法防止竞争者通过并购占得先机。并购跨越发展则是企业快速成长为《财富》世界 500 强企业的必杀技。并购既是企业发展需要，更是规模化生存需要。当企业走上这条必由之路时，却会发现前途同样坎坷。如何界定产权、如何规避风险、如何融合文化、如何协调利益……这些问题绝非法规制度和会计师精算能够解决，所有并购最终都必然演化成一场又一场的谈判，并购方案其实就是谈判的结果。

我们可以肯定的是，在这些并购重组中，谈判是一种绕不开、省不了的沟通形式。并购重组案例多半涉及大额交易，各利益相关方通常会组成由内部人士和外部专业人士共同组成的谈判团队，彼此之间展开一场利益争夺战。那么，这类谈判通常需要注意哪些关键点呢？

估值与价格。标的公司在谈判过程中，仍然作为一个持续经营的实体，维持日常运营，因此，它的资产、负债、权益以及总值都在发生变化。双方需要约定明确的计价基准日，如报表日或具体日期。

首席谈判官在参与股权并购过程中，需要了解几种估值方法，而谈判团队里的财务专员或外部专家则需要实际计算，得出估值。估值方法有以下几种：

市盈率法。标的公司的年度收益乘以市盈率（参考同行业水平），得出标的公司的估值，并作为价格谈判的参考值。

市账率法。使用计价基准日报表的收益乘以倍数（参考同行业水平），计算出估值，作为价格谈判的参考值。

现金流贴现法。使用标的公司过往一个时期的现金流量，以某个折现率，计算现值，作为价格谈判的参考值。

收益贴现法。把标的公司过往时期（通常若干年）的收益数值，以某个折现率（参考银行贷款利率和预期收益率），计算现值，作为价值谈判的参考值。

除了上述四种估值方法，谈判团队还可以参考同行业行为，相似并购案例，作为估值参考值。同时，在上市公司之间的并购过程中，部分财务专家更关注货币的时间价值，会选择使用现金流贴现法计算估值。

如果有多家潜在受让方，出让方通常会事先公布竞价方法，要求各受让方分别给出报价。大多数情况下，价高者得。如果只有一家受让方，出让方就需要和受让方通过议价，协商定价。并购谈判的价格谈判是首席谈判官发挥个人价值的重要方式之一。一方面，并购谈判金额比较大；另一方面，谈判桌上挣回来的钱，都是企业的净利润。

尽职调查。并购是一项涉及经济政策、财务制度、法律法规等诸多方面的系统业务。因此，尽职调查也是一项十分繁琐，但又不可或缺的环节。一般情况下，一份尽职调查包括以下方面的内容：

1. 标的公司的组织架构和产权结构；
2. 政府出台的有关法律法规；

3. 会计报表、审计资料以及税务资料；

4. 债务和资产情况；

5. 股东、管理层以及员工资料；

6. 法务纠纷、裁决、信函等信息；

7. 日常经营及盈利情况说明；

8. 环境、保险、知识产权等信息。

面对如此耗人耗时、复杂的系统性任务，我们可以委托独立第三方机构提供尽职调查报告。他们比我们更加专业，也比我们更加高效。这也是降低谈判成本的方法之一。

确认资产与负债。在潍柴收购林德公司的谈判过程中，林德公司的一栋办公楼看似是资产，却由于是历史文物，每年必须额外支付维修基金。它就变成了一项负债。

在谈判过程中，如果出让标的部分资产或负债需要剥离，那么，建议双方围绕这部分资产或负债，单独谈判，并签署独立的协议。

支付方式。在大多数并购中，出让方会倾向于使用货币支付方式，完成股权转让。相对而言，受让方则比较倾向于股权支付、可转换债券支付、权证支付以及混合支付等途径，以较少货币完成支付。因此，支付方式通常被作为双方谈判开场的第一个问题，双方借此热身，相互试探对方的底线。一方面，支付方式的让步余地较大；另一方面，它虽然是一个关键点，但它并非控制性节点，仅能对谈判结果产生有限度的影响作用。通常情况下，并购双方确定使用货币支付时，可以有以下四种实施方法。

分期支付。以签署合同、工商变更登记和管理权移交为标志性日期，分别支付若干比例的价款。国内企业之间的并购，比较倾向于这种支付方法。

一次性支付。出让方按照合同约定，准备齐全与股权交割的所有文书；受让方准备钱或支票等工具。双方共同在双方认可的律师或会计师的验证与监督下，完成交割。在欧美，这种方法比较常见。

设立监管账户。谈判达成一致，签署合同后，双方到商定的银行，开设监管账户。受让方将并购款项全额存入此账户。出让方确认到账后，办理变更手续。手续完成后，向银行申请划转款项。这种方法的安全系数较高。

信用支付。这是一种通过转让合同，保函，质押，贷款等环节的支付方法，操作相对复杂。

近些年，金融工具创新大发展，开发了许多新方法与途径，完成股权转让。双方越发倾向于采用包含部分货币的混合方式，完成转让。

保护性条款。在并购谈判过程中，受让方为了保障赔偿权利，设置一些保护性条款。

第一项保护性条款：滞留股权，作为保证金。在滞留期内（1～3年），一旦出让方触发了赔偿责任，受让方可以按约定，扣除一部分保证金。

第二项保护性条件：出让方质押部分股权给受让方。在这种情况下，标的公司的股权只发生了部分转移，其余部分质押给受让方。一旦触发赔偿事项，出让方需要积极履行赔偿义务。

对赌协议（Valuation Adjustment Mechanism，VAM）。这实际上是一种期权。受让方与出让方就标的达成并购协议，对于未来不确定情况进行一种约定。如果约定条件实现了，受让方可以行使某项权利；如果约定条件没有实现，出让方行使某项权利。

2005年，凯雷与徐工的并购案一度引起全社会围绕外资收购国有资产的话题，展开热烈讨论。在这起并购中，双方就设置了如下对赌协议：

如果徐工机械2006年的税息折旧及推销前利润（EBITAD）

达到约定目标，则凯雷徐工出资 X 亿美元，增资 Y 亿元；如果徐工机械一年后的经营业绩达不到投资方要求，则出资 Z 亿美元，增资 Y 亿元。

其实，对赌协议是并购谈判中十分常见的条件，如蒙牛与摩根士丹利的融资谈判、摩根士丹利与中国永乐的融资谈判、高盛与雨润食品的融资谈判、高盛与腾讯的股权转让谈判等。

在谈判并购过程中，除了上述关键点，谈判团队通常还需要关注反垄断申报情况和是否设置了与高管有关的毒丸计划、黄金降落伞等项目。

并购实战解读：抢食陷阱边缘上的馅饼

在前面一节里，我们学习了并购谈判的关键点，以及在并购过程中，谈判发挥的作用。在本节里我们借助一个案例体会股权谈判的精彩之处。

本案例根据种昂于 2017 年 3 月 17 日在经济观察网发表的《潍柴董事长谭旭光独家揭秘：如何跨越并购陷阱》一篇文章整理而成。

2015 年 3 月 28 日，经国务院授权，国家发展改革委、外交部、商务部联合发布《推动共建丝绸之路经济带和 21 世纪海上丝绸之路的愿景与行动》。两年多来，众多中国企业在国家战略的号召之下，更加踊跃地跨出国门，开启海外收购与兼并之路。2015 年前三季度，中国的海外并购交易额高达 630 亿美元，同比增长 27%。有并购的地方，必然会发生谈判。谈判是参与并购的各方表达利益诉求的合理途径，且各方都会不约而同地遵守谈判规则。

据国资委研究中心、商务部研究院等机构联合发布的《中国企业海外可持续发展报告 2015》显示，仅有 13% 的企业获取了可观的盈利，而持平和亏损的企业各占据了 24%。在众多跨国并购案例中，值得研究的是潍柴控股集团实施的并购案例，他们在海外并购的企业几乎全部实现盈利。

近10年来，潍柴控股集团先后收购了法国博杜安、意大利法拉帝、德国凯傲和林德液压集团、美国德马泰克等多家境外公司，并在一些国家和地区投资建厂。在种昂的这篇报道里，谭旭光董事长这样回忆：

> 潍柴收购林德，总共斥资上百亿元，真到了重组谈判时，却发现，这其中陷阱重重。并购初期，信息极度不对称，我们就像"刘姥姥进了大观园"，看什么都新鲜，看什么都不懂，不知道哪些资产重要，哪些资产隐藏着风险。一步踏错，就可能跌入陷阱之中，必须尽快摸清虚实。

当时，谭旭光董事长想"打入敌人内部"。于是，他安排人员私下约见几位即将和标的资产一起被剥离出来的德方高管。经过一番开门见山、推心置腹的交谈，这几位高管明白过来，面前这位中国人可能会是"自己人"。于是，他们向谭旭光董事长提出几点建议。

首先，看似资产，实为负债。德国几位高管向谭旭光董事长提供了必要的资产清单，并透露，办公楼的价格较高，看起来是资产，实际上是负债。原因是，这栋办公楼是一栋文物保护建筑，是德国工业文明的象征，每年需要大笔维护成本。尽管政府提供补贴，但企业仍然需要投入大量资金。他们还建议收购停车场，将来可以扩建成新工厂。

其次，专利才是"护城河"，寸土必争。在这次收购案中，林德液压拥有垄断技术。由于林德液压仅以内供的形式，向凯傲叉车提供产品，二者难以区分。现在，他们需要把400多项专利技术划分清楚，哪些是液压的，哪些是叉车的。谭旭光董事长的目标是，拿下这400多项专利技术中的80%。

双方在谈判桌上，围绕这400多项专利，发动了一轮"巷战"。双方把这些专利列示在大屏幕上，逐项讨论。谈判开场一个多小时了，双方就第一项专利的归属权，还没有达成一致。三四个小时过去了，潍柴董事江奎发现，在前十个专利中，四个划归潍柴，三个划归凯傲，其余三个待讨论。这样下去，他们很难实现掌握80%专利的目标。与此同时，他发现，负责讲解专利的林德液压研究院院长是关键人物，可以明显影响专利归属。

于是，潍柴董事江奎在谈判间歇期，找到这位院长，带着尊重和礼貌说："听说你是林德公认的技术专家，受到大家的尊重。未来林德的发展关键靠技术，作为股东也最看重这一方面。技术专利对于一家企业来说就是生命，就是工人吃饭的饭碗。希望你能在专利分割讨论时，考虑未来所有工人的利益与企业的生存。"我们可以从这席话中，体悟江奎高超的说话艺术。看透不说透，即使一点就透，但就是没有点。但那位院长仍然明白了，瞪着大眼睛说："我明白了，我明白了。"在接下来的专利争夺过程中，结果也就可想而知了。

再次，驾驭海外团队。根据《经济观察报》的报道，我们可看出，潍柴重组意大利法拉帝集团后，遇到了驾驭海外团队的困难。法拉帝是全球最大的豪华游艇集团，它的消费者多是全球顶级富豪。在这项重组完成以后，潍柴聘任法拉帝北美市场负责人为CEO。起初，新任CEO会听从股东意见，完成任务。潍柴也给予了充分信任，仅派出10多位副职经理，辅助管理。

没过多久，这位CEO开始我行我素。据一份内部调查报告显示：为了维护财务报表的好看，他上任不久就缩减产品线，很多新产品研发计划被无限期搁置。结果是短期财务数据看似良好，但损失了长期发展潜力。这份报告还透露，职业经理人加入，替换了大批原有人员，一些"元老"被晾在旁边。这位CEO上任10个月内，公司雇用了172家顾问机构，年度管理费用高达2 400万欧元。管理层强行推出的变革引发了多次罢工，也引起了大股东潍柴的关注。2014年9月，潍柴果断更换了法拉帝的CEO。在谭旭光董事长看来，重组一家境外企业，最关键的一步就是建立一个高效、负责任的管理团队。2016年，法拉帝在新一届管理团队的带领下，从亏损中走了出来，并贡献利润1.46亿元。

最后，文化融合。著名律师陶景洲认为，谈判过程中的文化隔阂问题是非常普遍的。比如，在合同签署环节，外方谈判人员通常会仔细审读每一项条款，而中方谈判人员则会粗略地看一下合同，然后催促双方加快签字。双方签署合同后，外方人员认为任何人都不能更改条款，而中方人员则在此时才会关注具体细节，并提出修改要求。我的老师罗杰先生在他的著作《优势谈判》一书里，也列举了许多此类案例。

在种昂的文章里，我也发现一个很有意思的案例。2015年11月的一天，潍柴中方的一位高管收到来自子公司德国凯傲的一封电子邮件，与他确认"2015年11月至2016年10月的会议安排情况"，而他却经常收到中方企业员工这样的通知"今天下午三点，我们有一个会议，您能来参加吗？"每年10月，德国工厂会安排次年订单排期，并依此执行，极少打乱生产计划。由于国内客户按月下达订单，倒逼着中国工厂频繁干预生产计划。重组后，中国市场的订单既突然，又紧急，而德国工厂既不肯加班，又不肯调整生产计划。遇到这种情况，大家多半会眼睁睁地看着订单流失。

从潍柴和林德的融合中，我们可以大体认为，中国企业的原则性不强，计划性不强，而德国企业却十分严谨，坚持原则不妥协，但有失灵活。在与林德融合的过程中，中方为林德制定了"打造为全系列全领域、位列全球前两名"的战略愿景，并投资8 000万欧元在德国扩大生产规模。此举让德方员工认识到，中国大股东既不是为技术而来，也不是为利润而来的恶意收购者，而是真正的产业投资者。我们通过分析与解读这篇案例，快速认识了跨国并购谈判过程中潜藏的一些陷阱。除此之外，在进行跨国并购谈判时，对当地法律的掌握程度也是决定谈判结果的关键要素之一。我们也可以看出来，谈判是一种跨越并购陷阱的有效方法。

在本章里，我们开篇借用潍柴案例，认识了并购谈判的几大陷阱。接下来，我们又学习了并购谈判的几项关键点。在第12章里，我们将会阐述如何运用谈判思维，举办演讲会、路演、项目推介会或产品发布会等公开性活动。

武向阳（左）与和世界销售训练大师汤姆·霍普金斯（右）

> 但在当下时代，我们创造价值的方式则转变为，借助交流、沟通、谈判、演讲、陈述、推介、销售等途径，与别人发生交易或进行合作。如果你想让更多人关注你的创业项目，吸引更多资本，那么，路演就是一条捷径。

第 12 章

用谈判思维演讲

一对多的共赢秘诀

公共演讲将你投入于更广阔的公共环境中，将人们更紧密地联系在一起，使他们彼此分享观点和想法，进一步了解自己、共同努力。

—— 凯思琳·哲曼等：《演讲的基本》

在首席谈判官导师班的大家庭里,我接受众多成员企业的邀请,担任他们公司的首席谈判顾问。我定期为这些企业组织谈判内训课。不仅如此,我有时还会为他们的新产品发布会、项目路演等活动出谋划策,甚至参与其中。

2017年6月7日,在上海举办的一次活动现场,我有幸结识了世界第一演说家、美国演说家协会前会长吉姆·卡斯卡特。在交流过程中,我向他分享了用谈判思维进行演讲的一些思路与见解。他非常认可我的思路,并且希望开启合作。

现场参加过谈判兵法课程的学员或许记得,我在课程中间,有时会特意穿插两个小时或半天时间讲述:用谈判思维演讲,用演讲方式谈判。同时,我也非常认可古希腊哲学家伊索克拉底(Isocrates)的一个观点:真实、合法、公正的演说也是一个人良好品格、忠厚人格的外在体现。

在我看来,谈判和演讲都是一种互动过程,由两群(个)人、信息、反馈和语境等因素构成。

谈判是地位平等的一对一、一对多以及多对多的互动过程,而演讲则是有主次之分的一对一或一对多的互动过程。我的学员多半是企业家和企业高管,因此,我设计的演讲内容也是为他们准备的,比如推介产品或理念、项目路演等。

以成交为目的的魔力推介会

有一次，一位朋友造访一位著名画家的画室。这位朋友看到，在画室地板中央放置了一块未经雕琢的大石头，他问："画家先生，请问你准备如何处理这块石头呢？"

画家回答："我计划用这块石头雕刻一头狮子。"

朋友大吃一惊，他很难想象如何把这块大石头变成一头狮子雕像。他问："怎样才能把这块大石头雕成狮子呢？从哪里下手呢？"

画家看了他一眼，轻松地说："哦，非常简单。只需要一只凿子，把不像狮子的部分去除，就可以了。"

其实，举办一场推介会或演讲就像做一件雕塑。它是一个化繁为简的过程，而不是一个从无到有的过程。尽管观众可以看到演讲大师在台上妙语连珠、口吐莲花，但他们无法看到演讲大师为了台上一分钟，在台下苦练了十年功。在本书中，我提出用谈判思维，组织演讲或新产品推介会，那么，我们成功的秘诀有哪些呢？

首先，让你的主题自带感召力。 1992 年，比尔·克林顿竞选总统。他的政治顾问詹姆斯·卡维尔（James Carville）提炼了一条耳熟能详又易于记忆和传播的口号：关注经济，笨蛋！卡维尔把这句话做成标语，张贴在克林顿排练演讲的大厅里。克林顿的竞选团队把这句话当做竞选主题，自始至终，他们都围绕这个主题，设计演讲、发言、采访。在演讲过程中，无论观众提出什么问题，甚至有人提出婚外情的问题，克林顿总能够发表一段事先准备好的说辞，并最终归结为"这是经济问题"。

一个简单明了的主题不仅可以让观众快速记住，还能唤醒他们心底的某些情感。亲爱的毛主席在北京天安门城楼上说出"中国人民从此站起来了！"，道出了亿万中华儿女的心声。马丁·路德·金用一句"我有一个梦想"，激励了无数年轻人，追求自己的梦想。

其次，从观众群中来，到观众群里去。 如果说谈判是一场有来有往的交流，那么演讲则是场一对多的沟通。在用谈判的思维进行演讲时，互动是关键。全球著名演讲大师菲利浦·卡恩－佩尼（Philips Khan-Panni）认为，听众永远不会听你说什么，他们只听自己感兴趣的内容。

其实，我在课堂讲课，也是一种演讲。我不时提醒自己，带着谈判的思维演讲。如此一来，我就会想着，如何与每一位学员听众互动。与个体听众互动时，我会更加专注在他提出的问题或疑问下，通常可能演变成一个生动的即兴课堂案例。我在向听众群体传递信息时，通常使用通俗语言。

总之，一次具有魔力的产品推介会，可以吸引现场观众全身心投入，不仅可以引发理性思考，还可以激发感性共鸣。现在，如何借助"一直播""花椒直播"等平台，我们完全可以将这份热情和信任传递到网络上的观众，让你的产品推介会在网络上疯狂传播。

18分钟，TED演讲凭什么风靡全球？

TED由技术（Technology）、娱乐（Entertainment）、设计（Design）三个词语的英文单词的首字母组成。它是一家由私人运作的非营利机构，以TED大会著称。到目前为止，TED官方网站发布了1 000多段时长16～18分钟的演讲。我们也可以在网易公开课或者新浪公开课等视频平台，观看许多TED演讲视频。在过去这些年里，我反复观看西蒙·斯涅克、萨尔曼·可汗、马尔科姆·格拉德威尔、赛斯·高汀等与商界人物的演讲。我发现，这些演讲视频之所以能够在全球广泛传播，收获超高点击率，是因为他们的演讲都遵守着一些共同的秘诀。

定位与观点。 我们可以借助杰克·特劳特提出来的定位四步法，找到定位。第一步，分析整个外部环境，确定"竞争对手是谁，竞争对手的价值是什么"。比如我在寻找自己的定位时，始终围绕如何为商业人士提供更多实用技能。这一点正是首席谈判官所需要掌握的技能，也是其他多数演讲培训讲师所不具备的内容。我提炼的观点是用谈判思维进行演讲，用演讲方式进行谈判。这个观点是我首创也是独一无二的，值得传播与分享。

精心准备讲稿。TED 演讲人通常会把故事与道理完美融合在一起，并且是一个故事一个道理，有主有次，并立而行。以讲道理为主的演讲，主论点会贯穿全场，并且安排了 3 个分论点支撑主论点，而每一个分论点则会由一个案例或小故事支撑；以讲故事为主的演讲，演讲人全程娓娓道来，递进与转折节点设置合理，并且在结束前，点明主论点。

讲述亲历故事。其实，我们每个人每时每刻都在讲故事或参演别人的故事，把亲历故事或亲眼看到的故事生动地复述给陌生人具有一定难度。TED 演讲人通常会设置一个听众熟悉或经历过的场景，具备强烈的带入感。像格拉德威尔这样的讲故事高手，还会用大故事套小故事的方式，阐述论点。

调情。我在《谈判兵法》一书中，引述了袁良老师提出的"调情"和"勾引"方法，阐述谈判桌上调整情绪和吸引对方注意力的作用。在用谈判思维进行演讲时，这两种方法同样可以应用到演讲台上或会议室里。TED 演讲人大多擅长使用语言、图片、动作或道具调动观众的某一种情绪。

除此之外，我发现，这些演讲高手还特别会选用工具，用朗朗上口的口号式语言表达主题，掌握节奏。虽然一场 TED 演讲只有 18 分钟，但仔细观看，我们依然可以发现开头、展开、高潮和结尾几个环节。

当然了，TED 演讲能够风靡全球的原因不只有这些。但我在这里之所以分享 TED 演讲，是想告诉大家，我们完全可以把 TED 演讲技巧应用到谈判现场。

分心时代，如何建立路演优势

在传统工商业时代，我们依靠双手辛勤劳作，挣取"生活费"。在

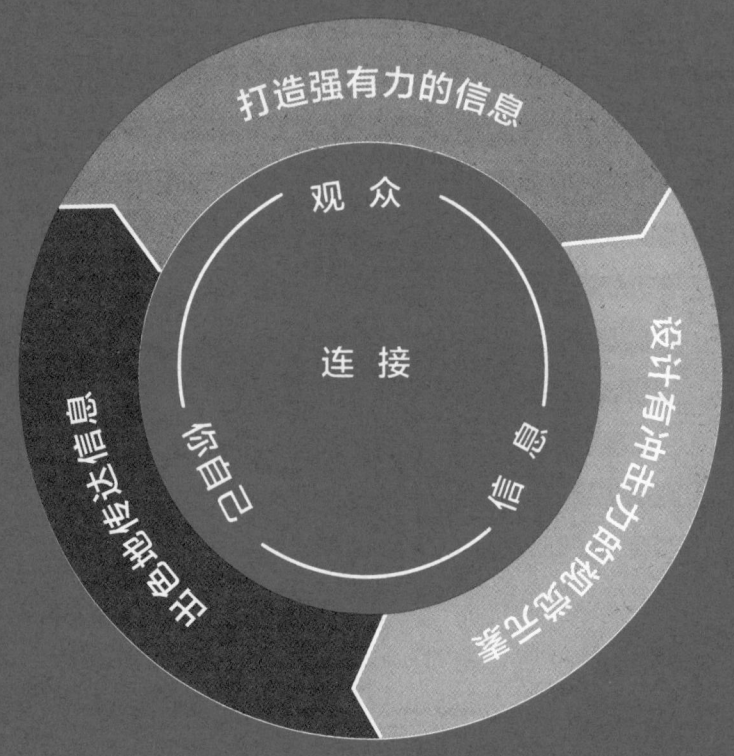

图12.1 建立连接的3D法则

资料来源：[美]科丽·科歌昂、布瑞克·英格兰、朱莉·施密特著，易文波译：《这样路演就对了》，广州：广东人民出版社，2016年11月。

汹涌袭来的知识时代,越来越多人由体力劳动者转变成为脑力劳动者。我们除了依靠大脑,更需要依靠嘴巴和耳朵,挣取"生活费"。

在前一个时代,我们创造价值的方式是生产马车、包子、衣服等产品,拿到市场上,通过交换,实现价值。但在当下时代,我们创造价值的方式则转变为,借助交流、沟通、谈判、演讲、陈述、推介、销售等途径,与别人发生交易或进行合作。如果你想让更多人关注你的创业项目,吸引更多资本,那么,路演就是一条捷径。

小米创始人雷军不仅向苹果乔布斯学会了制造手机,更学会了如何召开产品发布会。我花费了大量时间对比两者发布会的场景、产品、主持人、音乐、流程等细节,最后,我被雷军的复制能力震惊了。两家公司的产品发布会如出一辙。

为了满足众多学员要求,我在谈判兵法课程上穿插了两小时左右的演讲内容。但为了准备这两小时的课程,我花费了几十倍的时间,翻阅了近百本演讲类图书、几百个小时的音频和视频。

起初,我信心满满。不久后,我有些灰心。一方面,我发现众多书籍给出的技巧大同小异:站立姿势、控制发音、建立风格等诸多形而下的东西;另一方面,这些演讲类图书都侧重于个人演讲,而我的研究领域是商业应用,我提倡用谈判的思维进行演讲,也是主要针对商业人士。直到有一次,我看到《这样路演就对了》一书。这本书的作者是富兰克林柯维公司三位高管:科丽·科歌昂(Kory Kogon)、布瑞克·英格兰(Breck England)、朱莉·施密特(Julie Schmidt)。

他们通过调查研究发现:现在的人们在白天平均查看110次手机;全球每天产生1 000亿封邮件,且在持续增长;25～34岁商业人士每月平均收到2 240条短信,25岁以下人士收到的信息甚至会翻倍。他们还发现,成年人的注意力持续时间由2000年的12秒,缩减到2013年的8秒。那么,如何在8秒钟里,吸引听众的注意力呢?三位培训专家给出了如何建立连接的3D法则,见图12.1。

法则一,打造强有力的信息,与听众建立连接。我时常搭乘航班,

飞往各地讲课。通常情况下当飞机刚刚着陆，还在跑道上疾速滑行时，大多数乘客都已经起立，整理衣物，找寻行李了。这时候，空乘人员会一再提示大家注意安全，待飞机停稳后，再站立起来。但我发现，即便如此，大多数乘客不会按照她们的提示，遵守安全要求。

现在，我们看一下，富林克林科维公司三位高管分享的一次经历。

飞机刚在拉斯维加斯着陆，乘客们就纷纷起身拿行李。这是周末航班，人们恨不得赶紧离开飞机，钻进灯红酒绿的赌场。但接下来，他们听到了从内部通话系统中传过来的一段坚定的声音，声音来自一位空乘人员："女士们，先生们，请看窗外！"

乘客们纷纷伸长了脖子，看向窗外。

"你们看得出飞机现在的速度有多快吗？"飞机尚在跑道上飞驰。大家不约而同地点头。

"一旦飞行员踩下刹车，你们将被惯性抛到过道的尽头，在舱壁上撞得头破血流。现在，请你们回到自己的座位，并系好安全带！"所有人都照做了。

这位空乘人员从两个方面塑造了一条"强有力的信息"。一是引导大家亲眼观察飞机的速度，二是用"抛到过道的尽头"和"在舱壁上撞得头破血流"的形象语言，增强了演示的力量。

那么，我们在准备演讲或谈判时，如何打造强有力的信息，并与观众建立连接呢？科歌昂等三位专家给出了如下几条建议：

1. 准备一个故事；
2. 确定信息的目的是什么；
3. 精心准备辅助资源；
4. 使用魔法数字"3"，打造强有力的要点；

5. 设计一个令人印象深刻的开头和结尾。

除此之外，我们还要注意演讲时长与观众的提问环节。

法则二，设计有冲击力的视觉元素，与信息建立连接。 在演讲现场，观众不仅用耳朵听演讲人在说什么，还用眼睛看PPT或演讲人。在谈判兵法课程中，我曾经使用一张非常简单的图片，见图12.2。我问学员们看到了什么。学员们会给出日本国旗、眼睛、红豆、纽扣、颜料等千差万别的答案。正是如此，他们在不知不觉中，被我带入谈判课堂。

为了更加准确、清楚地与信息建立连接并传递给观众，在设计图片与视觉元素时，我们还应该遵守以下七条原则：

1. 使用切题的图片；
2. 创造一个全景图；
3. 使用能够引发思考的图片；
4. 精心设计字体、字号、间距；
5. 用色彩强化注意力；
6. 遵守"少即是多"原则，使用文字；
7. 谨慎使用动画效果和图片切换动作。

这些原则不仅有利于观众接收演进人的主题信息，也有利于演讲人传递信息。有一次，我与国内知名网络营销专家单仁老师交流讲课心得。他说了这样一番话："我在全国各地讲全网营销的课程已有10多年了，少说也讲过上千堂课了。但在每一次开课前一天晚上，我都会仔细翻阅第二天课堂上使用的PPT文件。如果我不看一遍PPT，我会睡不着觉。奇怪的是，大多数时候，我都能找出几个点，进行修订或完善。"

我对单仁老师的这番话，深表同感。后来，我有意与几位同行交流看法，他们表示，也有类似情况。

法则三，出色地传达信息，与自己建立连接。 大多数人站在众人面

图12.2 谈判兵法课程用图

注：讲课时，PPT是白色底，红色圆点。因印刷需要，调整了颜色。

前,多少都会有一些怯场表现,比如出汗、颤抖、胃痉挛、脸红、脸白、呼吸急促、思维阻隔、双腿发软等。即使一些经常登台表演或演讲的知名人士,也难免紧张。沈从文第一次走上讲台,竟然紧张得不知说什么。过了好一会儿,他才慢慢平静下来,开始讲课。尴尬的是,原本一个课时的内容,被他在10分钟内,三下五除二讲完了。此时,离下课时间还早着呢。面对众多慕名而来的学生,他急中生智,在黑板上写道:"今天是我第一次上课,人很多,我害怕了。"全场爆发出一阵善意的笑声。

世界知名的男高音安德烈·波切利说过:"我有非常严重的舞台恐惧症。"丘吉尔也曾透露,他每一次站在台上,双腿都会有些发抖。戴尔·卡耐基则认为,少许恐惧是有利的,可以增加你的现场感和说服力。

在近10年里,我也曾数百次登上大大小小的讲台。我的体会是适度怯场有利于激发演讲人进入最佳压力区,临场发挥超常水平,也是演讲人与自己建立连接,向观众传递信息的捷径,见图12.3。在登台前进行三五分钟冥想、运动,或用腹部进行几次深呼吸都是克服怯场,调整到良好状态的有效方法。除了调整怯场状态,为了向观众传达信息,演讲人还应该做好以下几个方面的准备工作:

1. 穿着得体的服装,向观众传递你的专业能力和敬业精神;
2. 自信而坚定地用眼神和观众交流;
3. 设计和使用有表现力的表情;
4. 围绕传递的信息,使用手势;
5. 从讲台后面走出来,暗示自己"讲台散步";
6. 控制音量、停顿、音调、语速和发音;
7. 检查电脑、PPT、遥控器、话筒、书写工具等器具。

以我的经验来看,在做这些准备工作的过程中,我会不由自主地放松下来,一种上台分享的欲望从心底油然升腾起来。

这说明,我准备好了。

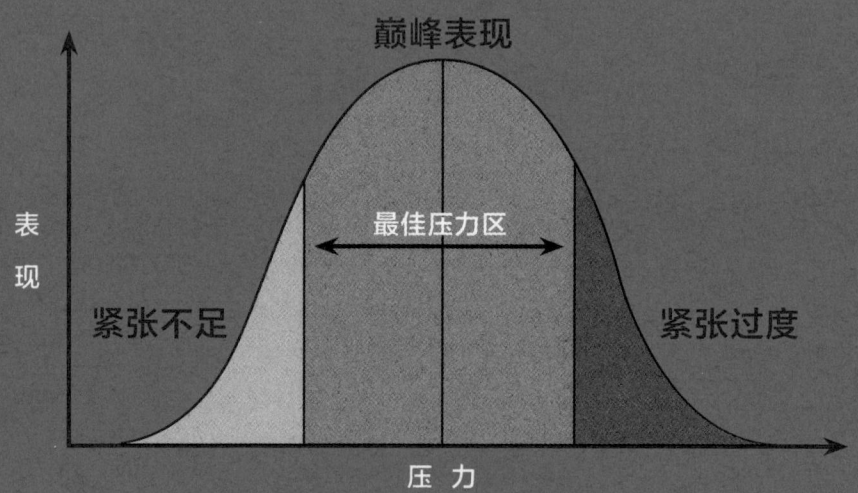

图12.3 最佳压力区示意图

资料来源:[美]科丽·科歌昂、布瑞克·英格兰、朱莉·施密特著,易文波译:《这样路演就对了》,广州:广东人民出版社,2016年11月。

用演讲的方式进行谈判

我们在前面三个小节，围绕用谈判思维准备演讲的内容，分别阐述了如何准备产品推介会，如何像 TED 那样，用 10 多分钟时间，阐述一个故事或主题。在本小节里，我们倒置过来，诠释用演讲方式进行谈判。

首先，给谈判团队配备一名讲故事高手。讲故事，看似一件简单的小事，其实，它的背后隐藏着知识积累、表达、思维、影响等诸多方面的能力。首席谈判官不一定是讲故事高手，更何况，大多数时候，首席谈判官并不是讲故事的最佳人选。因此，在谈判团队里配备一名讲故事高手，可以承担向对方介绍己方的基本情况、演示项目、推介产品等工作。更多时候，讲故事高手也会成为团队的"黏合剂"，把技术、法律、财务和行政等成员凝聚在一起，提升团队战斗力。

其次，像准备演讲场地一样，准备谈判现场。如果在主场进行谈判，那么，就做好场地、座位、名牌、PPT、书写工具、文书材料等准备工作。如果在客场进行谈判，那么，到达现场后，工作人员应该立即检查这些准备工作。如果发现对方有疏漏之处或故意为之，立即提出意见。

再次，像尊重观众一样，尊重谈判对手。无论对待实力相当，还是相差悬殊的对手，尊重都是必备的礼仪。

最后，为某一场谈判或某一个对手，刻意设计一套手势、表情、语言、动作。并且在走进谈判现场前，反复演练，直到可以把刻意设计的动作自然而然地展现出来。

在本章中，我们介绍了陈述的知识点，TED 演讲的秘诀以及如何用谈判思维组织一场产品推介会、新闻发布会或举办演讲。最后，我们还提出，用演讲方式进行谈判的几点建议。在第 13 章里，我们会阐述 NLP 技术及心理学知识在谈判过程中的作用及应用方法。

武向阳（右）与美国NLP大学校长朱迪教授（左）在一起

> 每一个人都可以改变思想，从而改变行为和情绪，进一步逆转人生。其实，成功快乐就潜藏在我们遇到的每一件事情和遇到的每一个人当中，关键是，我们要尝试着迈出探索的第一步。

第13章
NLP在谈判中的应用

我们通常不会注意到，实际上自己在两个场景中生活：一个是内心构建出来的世界（或者我们称为感知世界），另外一个是完全不同的外部世界。

—— 理查·班德勒：《神奇的结构》

有一次,唐骏受邀参加中央电视台财经频道的《对话》节目。他在节目中表示,作为一名成功的职业经理人,最重要的能力是沟通。唐骏还表示,在微软工作了10年,最大的收获就是历练了沟通能力。他在节目中还分享了微软公司的一道招聘试题。

营业员小王把一台价格20 000元的笔记本电脑,以10 000元错卖给李先生。假设你是小王的经理,需要写一封信给李先生,追回10 000元,你会怎么写?

节目现场观众给出了很多种方案:

有人说,如果李先生补回10 000元,公司将送出精美纪念品;

有人说,可以送软件;

有人说,那台电脑有故障,需要召回;

有人说,通过法律途径,追回电脑。

主持人向观众提问:"如果你是李先生,收到这样的信件,会不会补回10 000元?"现场观众一致给出了否定的答案。大家都眼巴巴地盯着唐骏,期待他给出答案。

他说,自己大概会这样表述:

李先生,首先我代表我们公司和员工向您表示抱歉。事情是这样的,因为我们的营业员小王一时失误,错把20 000

元的笔记本电脑,以 10 000 元销售给您。根据我们公司的制度,小王本人需要补上这 10 000 元。这件事确实是小王失误造成的,但令我们没有想到的是,小王已经把她在过去一年当中所积蓄的 10 000 元钱还给了公司,而且她本人也不希望我们把这 10 000 元钱追回来。她说这是她的失误,她不想给您带来太多的麻烦。作为她的经理,我为有这位优秀的员工而感到非常自豪。我想,李先生是一位受过高等教育、高素质的人,也会像我一样,不忍心看到小王把一年工资积蓄全拿来补贴这次失误。

唐骏一脸真诚地说完这席话,主持人向现场观众提问,如果你是李先生,是否会把这 10 000 元钱补回来呢?现场观众几乎全都举手表示,愿意补回这 10 000 元差价。唐骏的一席话为何有如此魔力呢?俗话说,外行看热闹,内行看门道。那么,这席话里面究竟隐藏着什么门道呢?

我们先了解一下 NLP 的概念以及 12 条前提假设,然后,再一起拆解唐骏这席话里的门道。

NLP 简述

NLP(Neuro Linguistic Programming)是指神经语言程序学,指人们通过思维和语言表达,获取具体成果的一套指令。这是由两位美国人理查·班德勒(Richard Bandler)和约翰·格林德(John Grinder)创立的。

班德勒在就读加州大学期间,结识了家庭治疗(Family Therapy)大师维珍尼亚·萨提亚(Virginia Satir),并帮助萨提亚把为期一个月的工作坊的内容,用文字记录下来并制作成录音带。在此后的数月时间里,班德勒投入了大量时间和精力,完成了这项工作。与此同时,他也学会了萨提亚在课堂上的声调和行为模式。

后来班德勒又参与完形疗法(Gerstalt Therapy)创始人费兹士·波

尔士（Fritz Perls）的手稿编辑工作，把录像带的内容变成了两本文字图书。在此过程中，班德勒又学会了费兹士说话和行为特色。

班德勒完成这两项工作之后，又回归加州大学校园，并开始组织完形疗法小组。与此同时，约翰·格林德正在教授与研究语言学方面的课程，并出版了几本语言学的著作。

有一天，班德勒找到格林德。班德勒说，他注意到潜意识的意念和构词过程，希望能与格林德合作开发一套沟通"文法"。两人一拍即合，开始研究萨提亚等人的语言模式。NLP就此诞生，并开始广泛传播。

投契合拍的12条前提假设

为了避免空洞的争执和僵化的执著，在NLP理论体系里，前辈们没有提炼任何绝对"真理"，甚至没有"原则""法则"等比较肯定的约束条件。目前，业内人士普遍接受的是12条前提假设。这些前提假设是我们应用NLP技术的基础。我们在思考、准备或现场谈判时，可以从这12条假设出发，设定人、事、物等因素的关系，并进一步提炼谈判策略、原则，甚至有针对性地组织语言、设计行为。

假设一，没有两个人是一样的。在人与人之间，家庭、教育、经历等外部环境本身就是千差万别的，而信念、价值观和规条系统等内化因素更是如恒河沙一样，难以找出完全相同的两粒沙子。并且每个人的信念、价值观和规条时刻处于演变过程，所以，没有一个人在两分钟里是一样的。也正因为如此，人与人之间才有了沟通与谈判的前提。

假设二，一个人不能改变另外一个人。正如《尼布尔的祈祷文》这样写道：上帝，请赐予我平静，去接受我无法改变的；给予我勇气，去改变我能改变的；赐予我智慧，分辨这两者的区别。我们既没有能力改变别人，也没有权力强行要求别人改变，但我们可以改变自己，从而影响带动别人做出改变。如果我们自身是"朱者"，那么我们身边的人也会逐渐变成"红人"；如果我们自身是"墨者"，那么，我们身边的人也会变成"黑人"。

假设三，有用胜过有理。在共赢式价值谈判基础之上追求效用，比坚持什么是对的，更有意义。在日常工作或生活中，无论是我们给他人讲道理，还是他人给我们讲道理，其实都是在评述已经成为过去的事情。奇怪的是，如果我们谈论效用，则多半是在谈论未来的事情。邓小平同志用一句"黑猫白猫，抓住老鼠就是好猫"平息了中国关键时刻的理论大讨论，带领大家走上改革开放的致富之路。共赢式谈判亦是如此，大家的关注点应该是最终创造的价值，而不是谁对谁错。

假设四，只有感官经验塑造出来的世界，没有绝对的真实世界。过去数年的研究经验告诉我，这是初学者最难以接受的假设之一。我们这几代人自小就开始受到唯物主义哲学熏陶，我们倾向于认为世界是物质的，意识对物质具有主观能动性。其实，我们只需要再多深入思考一步，就可以理解这条假设了。我们认识的世界是被我们的意识发挥能动性过后的世界，因此，这是一个由感官经验塑造出来的世界。由于每个人都不相同，所以我们都生活在自己构建的世界里。用一句形象的话说，就是"每个人都是用自制的地图在这个世界里生活"。由此看来，谈判双方如果能进入灵与灵的沟通模式，必然能够取得共赢的结果。如果你想进一步了解灵与灵的沟通模式，请阅读我的另一本书《谈判兵法》。

假设五，沟通的意义在于对方的回应。佛经里记述了这样一个故事。一个人被歹徒追杀，来到一条大河边，河水很急，河面上没有桥和船。他急中生智，砍倒几根竹竿，割断几根藤条，制作了一只竹筏。歹徒发现他时，他已经顺利渡过了这条河。

他上岸后，心想："如果没有这只竹筏，我现在可能已被歹徒抓住。"他不舍得丢弃竹筏，背起竹筏前行。由于他背着竹筏赶路，速度慢了下来。第二天，他就被追上来的歹徒抓住了。

其实，对于逃命人而言，过河后，竹筏就失去了意义。他应该立即丢弃竹筏，继续前行。在谈判桌上，我们说出来的话，只会在特定场合里发挥特定作用。真正重要的是对方听到了什么，或者说对方有没有理解你要表达的意思，而不是你说了什么。

在谈判或沟通过程中，说话者的声音、语调、肢体语言有时会比语言传递更多信息。因此，在谈判准备环节，我们都应该认真准备好这些细节。

假设六，重复旧方法，只会得到旧结果。在周星驰主演的《大话西游》这部电影里，赤脚大仙用一根木条，想要点着一只油灯。大仙来回跑了几趟，都没有点着油灯。旁边的紫霞仙子告诉他，你的油灯根本没有灯芯。尽管这只是一种电影艺术的处理方法，但也告诉了我们，如果我们重复同样的做法，只会得到同样的结果。

假设七，凡事必有至少三种解决方法。美国前总统杜鲁门有一条非常有名的座右铭"问题到此为止"。他把写有这句话的牌子摆在办公桌上，时刻提醒自己直视问题和解决问题。有一次，首席谈判官俱乐部组织聚餐活动。大家在席间聊到这个话题时，一位伙伴说，他快被杜鲁门的这句话害死了。几年前，他聘请了一位管理专家搞内训。这位专家传授了这个方法，本意是激发大家解决问题的积极性，还特意制作了一块玻璃牌，用激光刻上这句话，摆在主管们的办公桌上。刚开始，取得了良好的效果。各个部门都化解了一些长期积累下来的难题。但时间一长，他总感觉有些不太对劲。一方面，他陆续收到客户或供应商的一些投诉；另一方面，却没有收到相关部门的反馈或汇报。

于是，他找来几位基层主管了解情况。这些主管含糊其辞地说："老板，我们都在遵守您的教导，问题到我们这里为止。"

他说："你们解决问题了吗？"

主管们说："我们想了一些办法，但没有解决。"

他说："问题没有得到解决，为什么不向上汇报？"

主管们说："你教导我们'问题到此为止'，我们不敢汇报。"

他听到这句话,当时气得直接抓起自己办公桌上的那块牌子,摔了出去。

我们从这位伙伴的经历可以看出,牌子和理念都没有错,只是人与人的能力有太大差别了。

我在工作中,也会经常听到员工表示"没有办法了,只能请老板您出面了"。其实,这是一个伪命题。我们在"谈判分析仪表盘"里,专门设计了一个策略库,或者叫工具箱,把我们针对某种类别的谈判,常用的策略或技巧收集在一起。这样做的目的就是,方便谈判人员使用不同策略,准备应对方法。我们在前文也强调了最佳替代方案的作用。面对一场谈判,谈判团队可能找出许多替代方案,但只会有一个最佳替代方案。

假设八,每个人都选择给自己带来最佳利益的行为。每个人做一件事情,都希望满足一些深层次需要。每一个行为的背后,都必定隐藏着一个正面动机。在谈判中,捕捉到对方行为背后的动机,才有可能引导他们改变行为。在共赢式谈判思维里,我们需要明白自己的动机,也需要了解对方的动机,并且平衡双方的最佳利益。这正是谈判高手与谈判新手的根本性差距之所在。

假设九,每个人都具备使自己成功快乐的资源。每个人都经历过成功快乐,也就是说,每个人其实都有使自己取得成功的能力。李嘉诚在一篇文章里写道:

这个小指头上的疤痕是我14岁时,一次愤怒的印记。那年,一个寒风透骨的冬天下午,我独自在屋外忙了一整天,切割一大堆皮带,为明天的生产工序做准备。透过窗户,我看见几位高级经理坐在暖暖的屋里,悠闲地品茗。我默然感到很孤独、很怨愤,我失手割伤了自己,深可见骨。我还记得,伤口流出来的血由红色变成黑色。当时,我心中只有一个念

头——自己一定不再成为那个可怜的人。

我知道,只有怨愤而欠缺思维,只会令人更软弱更惶恐,使人付出更大代价和承受更大的痛苦。我要把愤怒转为对自己更高的要求和更专注解决问题的动力。只有能面对现实的人,才有可能征服现实。只有更加勤奋、更具有观察力和坚韧力的人,才有可能改变困境,创造机会和缔造希望。

李嘉诚通过长期奋斗,取得了举世瞩目的成就。每一个人都可以改变思想,从而改变行为和情绪,进一步逆转人生。其实,成功快乐就潜藏在我们遇到的每一件事情和遇到的每一个人当中,关键是,我们要尝试着迈出探索的第一步。

假设十,在任何一个系统里,最灵活的部分对系统具有最大的影响力。在谈判与沟通过程中,明白不代表接受;接受也不代表投降(放弃立场)。灵活是创造价值、共享价值的前提之一。无论是谈判团队内部沟通,还是与对方在谈判桌上唇枪舌剑,我们都要能够容许存在不同意见和可能性。

假设十一,没有挫败,只有回应讯息。在沟通或谈判中,"挫败"是指没有得到预期结果,同时也会向我们提示需要改变的信号。消化挫败带来的教训,挫败才会转化为通向成功的一段插曲。

假设十二,动机和情绪总不会错,只是行为没有效果。接受一个人,是指接受他的动机和情绪,而不是接受他的某一个行为。行为不能代表一个人,而情绪和动机则可以真实地反映一个人。

其实,最初研究 NLP 的专家学者并没有提出这么多前提假设,但随着研究人员对这个领域的研究越来越深入,提出了越来越多的前提假设。目前,华人世界国际级 NLP 大师李中莹老师在《重塑心灵》一书中提出了 12 条前提假设,并得到众多业内人士的认可。我以此为蓝本,结合自己的理解与认知,整理而来。

的确,我们可以让自己的心态更加开放,也给谈判结果提供了更多可能性。不过，这些前提假设只是我们把 NLP 技术运用到谈判实战的基础。当然，如何把 NLP 技术运用到谈判中，这也是我长期研究的方向之一。

六个理解层次，"降维谈判"VS."升维谈判"

理解层次（Neuro-Logical Levels）由格雷戈里·贝特森发展出来，经罗伯特·迪尔茨（Rbert Dilts）整理，于 1991 年推出。理解层次是一套模式（Pattern），见图 13.1。在 NLP 知识系统里，有一套技巧被称为"理解层次贯通法"，可以帮助人们与自身的潜意识层面的力量建立联系，从困境中寻求突破，更好地规划人生大事。

层次一，精神：描述我与世界的关系。一个人谈及人生意义，一位企业家谈及情怀或对企业的贡献时，他们都是处在精神层面上。众所周知，敬爱的周恩来总理在中学读书时，喊出"为中华之崛起而读书"的理想。这是他站在精神层面上的一次表达。自此，他便开始为中华之崛起而奋斗。

层次二，身份：我是谁。描述自己的身份，找到自己在社会上的位置，为发挥精神层面上的诉求，寻找一个载体。比如，我的身份是东方谈判发展研究院院长，我为了传播共赢式价值谈判理念而努力。

层次三，信念与价值观：为什么。价值观是人建立在感官思维之上的认知、理解、判断和选择，也是人认识事物、辨别是非的价值取向。

有一次，我在课堂上突发奇想，找助理借了一张百元大钞，我问学员："谁要这张百元大钞？"几乎所有人都把手举得高高的，有些人甚至把两只手都举了起来。

我在众人面前，把这张百元大钞揉成一团，问："现在，谁还要？"

少数人放下了手，但大多数人仍然高举着手。

图13.1 六个理解层次

我把这张纸币丢在地上，用脚踩了两下，再拣起来，问："现在呢？"

又有几个人放下了手，但举手的人数仍然占多数。

我走到一位高举着双手的学员面前，问他："现在这张纸币已经脏了，你为什么还想要？"

他回答："它是有些皱了，脏了，但它还是值100元。"

我返回到讲台上，对着大家说："祝贺你们学得了一堂价值非凡的课程。我们一生当中，尽管会碰到无数次逆境、挫败，甚至欺负、委屈，但就像这张纸币一样，我们的价值都没有发生贬损。无论我们贫富穷达，穿什么，吃什么，每个人都是独一无二的，我们的身份也是他人无法替代的。"

价值观决定了我们看待外部世界的态度，也影响着我们做什么和不做什么。它也是我们评价任何一件事情的价值的标尺。

层次四，能力：如何做。每天，我们老师需要做出许多次选择，而每一次选择都代表着一种能力。我们可以做出越多的选择，说明我们拥有越大的能力。需要注意的是，情绪也是一种能力。

层次五，行为：做什么。这是选择过后的结果。比如写字是绝大多数都会的一种行为，但能否写出一手好字，则是能力的体现。

层次六，环境：时间、地点、其他人、事情、物品等。环境指身体之外的外部条件。

环境、行为和能力三个低层次是由显意识主导的，我们时刻都受其影响，或处于某个层次上面。信念与价值观、身份和精神的三个高层次是由我们的潜意识控制的。其实，我们很难用语言表述三个高层次的问题，有些人甚至会觉得空洞无聊。就像老子说的"上士闻道，勤而行之；中士闻道，若存若亡；下士闻道，大笑之，不笑不足以为道"。这里的"道"就属于高层次的内容。我们需要知道的是，高层次决定了我们的人生成败。

通常情况下，层次越低的问题，越容易解决。比如，天变凉了，穿件衣服就可以解决。这是从行为层面，解决环境层面的问题。因此，从更高层次里容易找到更低层次问题的解决方法。如果反过来，从较低层次解决较高层次问题，会遇到较大难度，也难以奏效。

国内知名科幻作家刘慈欣在《三体》一书中，描述了三维世界摧毁二维世界的"降维攻击"。站在这六个层次上，自上而下，与他人沟通或谈判，也会起到类似效果，不妨暂且定义为"降维谈判"或"降维说服"吧。在应用中，我发现，从高层次影响低层次，通常能够以较少的成本，获取较好的结果。

反之，低层次能否影响高层呢？答案是肯定的。我暂且把这类由低层次向高层次影响，称为"升维谈判"或"升维说服"。那么，行为如何影响能力呢？

比如，写字是一种行为，就像走路、喝水一样，绝大多数人都会写字。但从能力层面来看，写字是指有能力写出好看的字。而从行为层次，向上爬升到能力层次，就是一个刻意练习的过程。按照格拉德威尔的研究，我们需要10 000小时练习，才能掌握一项技能。

由此看来，在谈判过程中，我们尽可能地使用"降维谈判"，而非"升维谈判"。这也正是我在《谈判兵法》一书中，提出的"站高一线"，从"我赢"到"我们共赢"的谈判思路。

那么，我们现在回头拆解一下本章开头部分，唐骏说的那席话。

首先，唐骏使用营业员"小王"的身份，而没有使用"微软公司"的身份与李先生沟通。在李先生面前，"微软公司"是一个相对强势的身份，而"小王"则是一个相对弱势的身份。

其次，唐骏为了拉大"李先生"和"小王"两个身份之间的悬殊度，用"受过高等教育、高素质"这样的描述，提升"李先生"身份；而用"拿出一年工资积蓄10 000元"这样的描述，降低"小王"身份。

最后，唐骏把话锋一转，表示"小王"这个低身份都觉得，既然是自己的失误，就应该由自己承担责任，不希望找李先生追款，那么，"李先生"怎么做，才能使自己的行为符合高身份呢？自然是做出主动补款的行为。

在本章里，我们介绍了 NLP 的源头、被广泛接受的 12 个前提假设和六个理解层次。最后，我创造性地提出"降维谈判"与"升维谈判"这一对概念，也是又一次尝试把 NLP 运用到谈判过程。之前，我在《谈判兵法》一书中，介绍过"心锚"的概念和用法，它也是源于 NLP 知识体系。

在第 14 章里，我们会阐述首席谈判官的四重境界和九层修炼，从古老的东方传统文化里，汲取更多营养，帮助首席谈判官成长与成功。

武向阳（右）和全球科技趋势大师凯文·凯利（左）

> 每一轮谈判，都要求自己表现得更好一些，争取更好的结果；每一次培训都向自己提出更高的要求，追求比上一次培训更好的结果。这些都是首席谈判官在"精进"这个层次上进行修炼的一些方向。

第14章
首席谈判官四重境界和九层修炼

时止则止,时行则行,动静不失其时,其道光明。

——《易经》

春秋时期,楚共王喜爱打猎。

有一次,楚共王骑马追逐一头梅花鹿,追了很长时间,跑了很远路。楚共王眼看着就要追上猎物了。他往腰里摸了几下,才发现弓不知道啥时候丢了。他勒马立足,依依不舍地看着梅花鹿一蹦一跳地跑远,消失在草丛里。

这是一张制作精美的良弓,随从人员请示共王,计划原路返回,寻找此弓。

楚共王挥了挥手说:"不用找了。我是楚国人,这弓是在楚国地界上丢的,还会被楚国人拣得。不必找了。"众随从遵命。

孔子得知此事后,说:"楚共王的胸怀已经很宽广了,但还不够宽广。他应该说'一个人丢了弓,另一个人拣得弓,何必是楚国人呢'。"

中国当代著名哲学家、教育家冯友兰则常用此典故,诠释他提出的人生四种境界:自然境界、功利境界、道德境界、天地境界。冯友兰在《人生的境界》一书中,这样写道:

这四种人生境界之中,自然境界、功利境界的人,是人现在就是的人；道德境界、天地境界的人，是人应该成为的人。前两者是自然的产物，后两者是精神的创造。自然境界最低，往上是功利境界、道德境界，最后是天地境界。它们之所以如此，是由于自然境界，几乎不需要觉解；功利境界、道德境界，需要较多觉解；天地境界则需要最多的觉解。道德境界有道德价值，天地境界有超道德价值。

冯友兰认为，自然境界是指在人的生物本能范畴内，求解人生意义；功利境界是指在物质利己的前提下，求解人生意义；道德境界是在利他原则下，求解人生意义；天地境界是在宇宙的范畴内，求解人生意义。

我在《谈判兵法》一书中，阐述了谈判1.0思维模式、谈判2.0思维模式以及谈判3.0模式。在谈判1.0思维模式里，双方以"小我"自居，认为非赢即输，并以对抗、水火不容的姿态出现。在谈判2.0思维模式里，双方以"自我"自居，关注双方的立场与原则，而不是利益与价值。在谈判3.0思维模式里，双方以"无我"自居，以人为本，思利及人，以创造价值为向导，以追求共赢为目的。

我从开始研究"首席谈判官"课题以来，越来越注意到，哲学对于人生的指导意义。在研究过程中，时常不自觉地来到"哲学大门"的外边，从门缝里窥探一斑，都觉得非常受用。在我看来，首席谈判官是一个纵横商场、挥斥方遒的金领群体。物质层面的生活，这个群体已经有能力获到极大满足，他们应该以追求更高级的精神生活为乐趣。因此，我在本章里，探讨四重境界和九层修炼。

首席谈判官的四重境界

冯友兰先生提出的人生四重境界可以引导人们提升思维，精进行为。我们探讨的谈判，也属于人们的一种行为，那么，我们如何拜冯友兰先生为师，指导我们提升谈判境界呢？

自然境界。在这种境界里,人们为了满足生存需要,饿了吃饭,渴了喝水,困了睡觉,累了休息。这些生存本能既是每个人必不可少的行为,却困住了大多数人。被困住的这些人终日忙碌,无暇思考或不知道向其他三重境界进步。

如果在这重境界下,发起谈判,双方采取的1.0思维模式,陷入非赢即输的冲突。

从前,有一个村庄接连数年,遭遇大旱,地里庄稼颗粒无收。全村人整日求雨,他们的真诚感动了玉皇大帝。于是,玉皇大帝派太白金星下界,送一粒稻谷种子给村民。

太白金星拄着拐杖,来到村口,看到村民王五和赵六躺在路边的磨盘上,奄奄一息。太白金星走过来,对他俩说:"我有一颗种子,可以救人性命。"

王五和赵六睁开眼睛,看到太白金星的手掌心上,放着一粒稻谷。于是,他们跳将过来,争抢厮打,身体壮实的王五抢到了这粒稻谷,吞到肚子里,活了下来。太白金星怒,拂尘而去。

不久以后,赵六和村子里的其他人饿死了。

在这个故事里,王五和赵六都处于自然境界,基于生存的本能,采取行动。

当然,无论你在阅读这本书,还是参与我的课程,聆听谈判知识,内化能力或转化智慧,你已经升级到第二重境界了。

功利境界。就像古人杨朱所说,过好自己的小日子,拔一毛可以利天下,但就是不拔这一毛。在这重境界里,人们的出发点是利己的。

但也需要注意,利人是不损己而利人,自私则是损人以利己。其实,这也正是谈判2.0思维模式的行事法则,双方追求双赢的结果,但前提是不损害自己的利益。

从前，有一个村庄接连数年，遭遇大旱，地里庄稼颗粒无收。全村人整日求雨，他们的真诚感动了玉皇大帝。于是，玉皇大帝派太白金星下界，送一粒稻谷种子给村民。

　　太白金星拄着拐杖，来到村口，看到村民王五和赵六躺在路边的磨盘上，奄奄一息。太白金星走过来，对他俩说："我有一颗种子，可以救人性命。"

　　王五和赵六睁开眼睛，看到太白金星的手掌心上，放着一粒稻谷。于是，他们坐起来，问太白金星："如果我们分而食之，都可以活命吗？"太白金星微微一笑，点头称是，飘然而去。

　　于是，王五和赵六分而食之，双双活命，但村子里其他人饿死了。

　　在这个故事里，王五和赵六使用谈判2.0的思维模式，实现了双赢的目的。但在这种境界下，一个人即使可以为公司或企业争取许多利益，但他们也只能够被称为"谈判高手""业务骨干"，还不足以胜任"首席谈判官"。我在本书第1章，阐述了首席谈判官的三重身份。我认为，"谈判高手"只是首席谈判官必备的一个身份。

　　其实，不妨观察一下自己企业或团队里的人，我们总是可以找到这类"高手"。他们自己通常可以创造十分突出的业绩，但他们始终无法带领其他人或与其他人合作。

　　道德境界。在这重境界里的人认为，世界是一个整体，他们只是这个整体的一部分。并且他们也会以这种觉解，同理其他人。这也正是谈判3.0思维所强调的思利及人。这样的人在谈判过程中，可以挖掘更多价值，同时与更多人分享这些价值。

　　从前，有一个村庄接连数年，遭遇大旱，地里庄稼颗粒无收。全村人整日求雨，他们的真诚感动了玉皇大帝。于是，

> 玉皇大帝派太白金星下界，送一粒稻谷种子给村民。
>
> 太白金星拄着拐杖，来到村口，看到村民王五和赵六躺在路边的磨盘上，奄奄一息。太白金星走过来，对他俩说："我有一颗种子，可以救人性命。"
>
> 王五和赵六睁开眼睛，看到太白金星的手掌心上，放着一粒稻谷。于是，他们坐起来，问太白金星："如果我们把这粒稻谷种到地里，它会生长、出穗、结实吗？"太白金星哈哈大笑，点头称是。他们又说："那么，你能帮忙，给我们求雨吗？"太白金星答应为之。
>
> 于是，王五和赵六带着太白金星，来到村子最肥沃的一块田地里，耕耘、施肥，埋下这颗稻谷。太白金星拿着拂尘，朝天一指，大雨倾盆而下。令人惊奇的是，这粒稻谷立即发芽、生长、出穗、开花，结出果实。如此几轮下来，他们收获了足够多稻谷，并且分给全村人。
>
> 全村人都活了下来。

在这里，王五和赵六之所以能够救活自己，也能救活全村人，是因为他们发现，太白金星送来一粒稻谷是表象，送来雨水才是表象之下的更大价值。

我认为，王五和赵六具备了首席谈判官的思维。首席谈判官与谈判高手之间的最大差别在于：前者可以带领谈判团队，跨越不同部门之间的障碍，统筹策划全公司的谈判项目，为公司创造更多价值；后者可以通过谈判，取得既定目标与结果。

天地境界。到达这重境界的人不仅是社会的人，更是宇宙的人。孟子称之为"天民"，王安石称他们"先天下之忧而忧，后天下之乐而乐"。尽管他们的境界极高，行事却与常人无异，饿了吃饭，渴了喝水，困了睡觉，累了休息。他们做的是自然境界的事，但具有截然不同的意义和生命体验。

用一位禅师的话说，就是"终是吃饭，却未曾咬着一粒米；终日行走，却未曾踏着一片地。"延伸一下，这重境界的首席谈判官终是都在谈判，却未曾开口。

从前，有一个村庄接连数年，遭遇大旱，地里庄稼颗粒无收。全村人整日求雨，他们的真诚感动了玉皇大帝。于是，玉皇大帝派太白金星下界，送一粒稻谷种子给村民。

太白金星拄着拐杖，来到村口，看到村民王五和赵六躺在路边的磨盘上，奄奄一息。太白金星走过来，对他俩说："我有一颗种子，可以救人性命。"

王五和赵六睁开眼睛，看到太白金星的手掌心上，放着一粒稻谷。于是，他们坐起来，问太白金星："如果我们把这粒稻谷种到地里，它会生长、出穗、结实吗？"太白金星哈哈大笑，点头称是。他们又说："那么，你能帮忙，给我们求雨吗？"太白金星答应为之。

于是，王五和赵六带着太白金星，来到村子最肥沃的一块田地里，耕耘、施肥，埋下这颗稻谷。太白金星拿着拂尘，朝天一指，大雨倾盆。令人惊奇的是，这粒稻谷立即发芽、生长、出穗、开花，结出果实。如此几轮下来，他们收获了足够多稻谷，并且分给全村人。

全村人都活了下来。

在王五和赵六的带领下，全村人把稻谷种子分给了天下人。

在这个版本的故事里，王五和赵六达到了天地境界，把稻谷分给天下人。古代，中国人把其他国家的人称为"外国人"，那时"天下"多指中国或华夏。时至今日，国运日盛，人们对"天下"的理解也在发生着变化。"天下"似乎扩展到全世界、全人类了。

为了不断提升谈判境界，我们需要从下一节的九个层次进行修炼。

首席谈判官的九层修炼

境界为体,修炼为用。境界有高下之分,修炼亦有层次之别。《谈判说服力》作者李力刚老师从"势""道""法""术""器"五个角度,精彩阐述了谈判智慧。谈判新手从这五个角度着手,认真学习谈判,就可以成长为谈判高手。近年来,我一边研发首席谈判官的知识架构,一边亲自担任了数家企业的首席谈判官。在我看来,对于有志成为首席谈判官的人,他需要从"正心""取势""明道""尚法""优术""擅器""践行""合众""精进"九个层次,进行修炼。

正心。《礼记·大学》记载"心正而后身修"。这句话的意思是,修身之前,先端正自己的心态;或者说做一件事情之前,先端正心态,从心里认可它,然后再采取行动。在我看来,首席谈判官可以从两个方面修炼:一是从内心认识到谈判的价值和意义;二是从身份上认识到,自己是一名首席谈判官,且承担相应职责。

取势。孙子在《孙子兵法·势篇》写道:"故善战者,求之于势,不责于人,故能择人而任势。"这句话的意思是,善于指挥的将帅应该花费更多精力在依靠、运用、把握和创造有利的形势方面,而不是一味苛求手下士兵取胜,这样才能合理地量才用人,创造必胜形势。

李力刚老师认为,势是一种优势,也是一种气场。在谈判过程中,双方可以从两方面谋势:一是提升谈判实力,二是尽可能多地收集信息。

我们在争取谈判共赢的结果时,多投入精力在这两个方面,取得优势地位,而不是把共赢寄托在某个人身上。我在走访与调研企业时,发现许多企业家都生活得太累。他们过于相信绩效考核的作用,对员工提出近于苛刻的要求。他们为了激励员工的积极性,创造更多价值,想方设法增加或改革对员工的绩效考核方法。其实,他们应该投入更多精力研究行业发展趋势,吃透市场,寻求业务突破点,规划愿景。这类工作才是取势的有效方法。

明道。道是哲学的最高范畴。在我看来,共赢式价值谈判理论来源有两个：一是西方谈判学的规范性研究与实践案例；二是中国传统文化与东方智慧，如"思利及人"。"道"是一个很难具象化的概念，老子说"道可道，非常道"，但我们需要了解的是，"道"又是实实在在存在的。李力刚老师认为，"道"是帮助别人，为别人着想。其实，"思利及人"已经非常接近"道"了。明道是指通过学习，掌握谈判的基本规律，丰富谈判的内涵。

尚法。"尚法"一词来自于"唐人尚法"。唐代书法以楷书见长，被赞扬为"如名器，精美而雕琢"。"尚法"使唐楷成为"程式化了的书法形式"。因此，"法"是指法度、规则、准则、强调从形式上进行规范化。李力刚老师则认为，"法"就是设计与选择路径，追求满意的结果。比如，我明天从广州去武汉讲课。我可以选择飞机、高铁、列车、自驾、大巴等交通工具（方法），前往武汉。如果遇到台风，我可能就不会选择飞机了。如果我想体验自驾的乐趣，那么，可能会开车过去了。因此，通俗地说，"尚法"的意思是，做事一定讲究方法，谈判也一定要讲究方法。

优术。"术"是指具体行动。我们仍然接着去武汉讲课的案例展开论述。我通过比较飞机、高铁、列车、自驾、大巴等交通方法，决定乘坐高铁前往武汉。这时，我就要安排人员查询列车时刻表，预订车票，是否安排接送等具体事务了。这些都属于"术"的层面。在谈判过程中，如果对方质疑我们报价，我们应该如何答复呢？这也属于"术"的层面。"优术"顾名思义，寻求最优的行动，争取最好的结果。

擅器。"器"包括了场地、桌椅、投影仪、笔、纸、着装、茶水等工具。在谈判准备环节，这些东西都需要就绪。

有一次，学员企业邀请我参与他们的谈判团队，与供应商谈价格。谈判地点在这家学员企业的会议室。双方围绕一项成本，各自计算了许多遍，但双方得到的数字就是不一致。

这时，对方一位财务人员站起来，走到一块白板前面，拿起一只白板笔，想在白板上划出一个表格。令人意外的是，他接连换了三四只笔,都没能把表格划完整。他有些生气,我扫视了一下,发现我的这位学员老板的脸色也有几分难看。

后来,双方此轮谈判不欢而散。

我们可以发现,擅器是一项十分细致的准备工作,可以发挥有利的正向作用,也会引起不利的负面作用。需要特别说明的是,擅器要围绕谈判目的,因需准备,而不是把什么东西都准备好。有时,谈判一方为了达成谈判结果,借助"器",激发对方情绪,破坏他们的思路,乘机签署协议。

合众。这是从"谈判高手"晋升为首席谈判官的关键一个环节。在企业内部,首席谈判官需要承担一个管理者的角色,传播谈判知识,从"全员学谈判,人人用谈判"的理念出发,打造谈判型组织。

践行。践行是指以身作则,用实际行动带领其他人实践某事。在这里指带头学谈判、用谈判。《朱子语类》在论知行时,写道:"只有两件事:理会、践行。"我对这句话的理解是,为了做到知行合一,就需要领会其意思,实践其原则。在任何谈判过程中,首席谈判官都需要遵守共赢式价值谈判理念,实践具体谈判项目。

精进。"精进"是佛教"六波罗蜜"之一。它的意思是坚持修善法,断恶法,毫不懈怠。通俗地说,精明上进,锐意求进。每一轮谈判,都要求自己表现得更好一些,争取更好的结果;每一次培训都向自己提出更高的要求,追求比上一次培训更好的结果。这些都是首席谈判官在"精进"这个层次上进行修炼的一些方向。比如,自我介绍这件事情方面,你每次做自我介绍时,都追求一小点改进之处,长期积累下来,你的自我介绍肯定会越来越吸引人。

从外部看,这九层修炼是独立的,但从内部看,这九层修炼却是合而为一的。"正心"是出发点,"取势""明道"属于战略层面,"尚法""优术""擅器"属于执行层面,"合众"则是首席谈判官搭建团队,培养人员,建设谈判型组织的职责;"践行""精进"从统筹的角度,重复实践前面九层修炼，并且每一轮循环都提出更高要求，都会有更多心得、体悟和收获。在本章里，我深入东方传统智慧与文化，尝试挖掘首席谈判官的体用之道。在"最后一位大儒"冯友兰先生的东方哲学宝库里，觅得人生四重境界，结合自身10多年来的薄学寡识，诠引为首席谈判官的四重境界。我还深入研习了李力刚老师的"势""道""法""术""器"五个方面的谈判智慧，更进一步提出首席谈判官的九层修炼。

　　行文至此，本书第三部分简述的谈判内训、股权谈判、用谈判思维演讲、NLP在谈判中的应用、首席谈判官的四重境界和九层修炼等内容暂告一段落。接下来的第四部分包括两章内容：第15章阐述首席谈判的职业前景展望和第16章阐述首席谈判官的培养机制规划。

第四部分

CNO展望及培养机制

此时我们站在全球视野的高度，展望首席谈判官的职业发展前景。日益维艰的经营状况，每一项目利润都更加依赖谈判。此时，CNO与CEO、CFO等经营高管共同承担经营业绩，显得尤其重要。

如何从大学谈判课吸收营养？如何向市场培训师择善取经？如何完善首席谈判官的培养机制？这正是我们努力前行的方向。

武向阳（右）与广东省委统战部副部长李阳春（左）、中华全国工商业联合会美容化妆品业商会会长马娅（中）

> 作为智力输出型工作者，或者叫智力提供者，在输出智力的同时，务必做好智力输入、存储与转化的工作。

第15章
首席谈判官职业发展前景展望

当领导者走出自己的舒适区,开始去接受新挑战的时候,他们常常会发现一些自己以前并没有意识到的能力。

—— 比尔·乔治:《真北》

商业电讯财经报道：据外媒报道，多位知情人士称，京东正与泰国最大零售集团 Central Group 谈判，拟成立一家电子商务合资公司，预计总投资额达到 5 亿美元。

新浪汽车频道记者报道：众泰汽车与福特汽车通过谈判，已签署备忘录，两家拟各持股 50%，组建合资公司，为中国消费者提供采用自主品牌的纯电动汽车，且计划将纯电动乘用车的研发、制造、销售和服务于一体。

《上海证券报》报道：2017 年刚刚成为中国光伏产品第一大出口目的地的印度很快举起了反倾销"大棒"。记者获悉，印度商工部近日发布公告，对从中国和马来西亚等地进口的光伏电池及组件发起反倾销调查。我国相关协会将组织召开应诉工作会议。

搜狐新闻报道：2017 年 8 月 14 日，美国总统特朗普签署了一份行政备忘录，要求其最高贸易谈判代表莱特西泽研究决定是否对中国在知识产权相关的贸易政策和行为发起 301 条款调查。

中关村在线报道：在本届科隆游戏展上，微软 Xbox 市场业务负责人亚伦·格林伯格（Aaron Greenberg）表示，微软目前仍在就跨平台联机和索尼谈判。

打开一台连接互联网的电脑,在搜索框里输入关键词"谈判",搜索"新闻"类别,电脑屏幕瞬间弹出数百万条信息。这个举动让我真切地感受到,谈判不仅左右着参与方的生死存亡,也深刻地改写了行业,甚至国家的命运。

经营维艰,首席谈判官的金饭碗

企业环境是指与企业生产经营有关的所有因素的总和,可以划分为外部环境和内部环境。外部环境是指企业生存和发展的各种外部因素的总和;内部环境是企业内部物质和文化因素的总和。目前来看,企业的经济环境正在发生如下变化。

全球政治滑向不稳定边缘。时至今日,中东、南亚、欧洲、非洲等诸多地区的政治环境仍存在不稳定因素,政治、种族、文化冲突越发频繁。美国联合欧洲几个国家对俄罗斯采取了长期的经济制裁。韩国不顾周边国家反对,执意引入"萨德"导弹,导致韩国经济受累。美国执意对华动用贸易保护政策,会影响中美两国贸易往来。尽管马云隔岸高呼"不要把贸易问题政治化",但在政治家面前,他的呼声仍然过于微弱。诸如此类的不稳定因素给企业家参与商业活动陡增了诸多困难。

全球经济复苏乏力。2008年全球金融危机过去已有10个年头,但全球经济始终没有走出衰退泥潭。对于中国企业而言,经营环境越发恶劣。一方面,受全球经济复苏缓慢的影响,它们遭遇到了越来越多的贸易摩擦事件;另一方面,它们又面临着经营成本上升的巨大压力。

移动技术改变企业组织。近些年,移动互联网、在线支付和云计算等底层技术经历了爆炸式扩张,这给企业经营带来了许多新考验。前些天,我与CNO俱乐部成员聚会,聊到当下创业者需要什么。有一位成员说:"现在,一个人只要有一个点子,就可以创业。"

大家经过一番争论,基本认可了他的观点。

他认为:一方面,研发、生产、市场、财务、人事等模块都可以通过外包，委托专业机构提供服务；另一方面，市场有充足的项目资金。

我们和他说笑"岂不是又回归到几十年前的'皮包公司'时代"。事实上，我们都知道，技术正在改变原有的企业组织形式。企业为了在日趋复杂的经营环境中生存，就需要更加积极主动、更加频繁地与外部环境进行谈判。由此看来，企业对谈判的需求会越来越大，如何统筹规划、满足这类需求呢？

CXO 是 CEO、CFO、CMO、CIO、COO 等经营层执行官的代称。2013 年，我首次提出首席谈判官概念。2015 年 11 月 14 日，我再次提出首席谈判官概念，并正在推动把其纳入企业人事职位体系。我认为，首席谈判官（CNO）属于 CXO 的一员，与首席执行官（CEO）、首席财务官（CFO）、首席营销官（CMO）等职位并列，共同以高管身份加入企业经营管理层，为企业经营业绩负责。此举得到了国内外众多人力资源专家的一致称赞和认同。

跻身 CXO 队列，为经营业绩负责

我们现在探讨，中小创企业、大型企业集团、外资企业和非营利性机构如何设置首席谈判官。

初创企业，老板出任 CNO。初创企业泛指创立不久，资金和人员都相对匮乏，成员大都以业务开发为导向的企业。在这个阶段，老板通常会汇集 CEO、CFO、CIO、CMO、CNO 等职务于一身。值得注意的是，越是在资金紧张、市场艰难、人员不齐的时候，老板越应该认识到，谈判对企业经营的重要性。

老板履行首席谈判官职责，一方面，可以降低生产资料的采购成本和人力资源成本；另一方面，可以更加有力地开拓市场，提高销售额，还可以争取政策扶持基金。这两个方面可以快速让企业进入盈利阶段，提升利润额。

中小型企业。2011 年，我国的工业和信息化部、国家统计局、国

家发展和改革委员会、财政部联合印发了《关于印发中小企业划型标准规定的通知》，依据不同行业的特性，从营业收入、就业人员、资产总额等几个指标方面，进行了划分。中小型企业从事的业务已经有了一定规模，也开始扩充员工，并且出现了业务部门、人事行政部门等基本架构。在日常管理过程中，董事长或总经理发挥着重要作用，仍然以人管人为主要方式，维持企业日常运营与发展。

在中小型企业的管理系统里，我建议，业务部门负责人兼任首席谈判官，统筹内外部谈判事务。在行使首席谈判官职责过程中，业务部门负责人也可以了解人力资源、财务等职能部门的工作内容。这或许是培养首席执行官的捷径之一。

大型企业集团。这类企业都已经拥有了完整的组织架构，清晰的职责与分工体系。同时，企业从事的业务也趋于复杂与多样化。企业对谈判技能的需要日益强烈，此时，企业需要设置首席谈判官和谈判部门，承担统筹谈判事务、培养技能、培训员工与推广理念等职责。在本书第2章里，我详细阐述了首席谈判官的定位、职责等内容。

外资企业。通常情况下，外资企业拥有比较完善的管理系统。在调研过程中，我遇到过首席艺术官（Chief Art Officer，简称CAO）、首席商务官（Chief Business Officer，简称CBO）、首席学习官（Chief Learn Officer，简称CLO）等。

当我与他们的负责人谈论如何设置首席谈判官时，他们表示，这是第一次听说这个概念，也是一个很好的提议。他们还鼓励我继续研究与实践。在外资企业里，谈判类事务通常划归为各部门或分子公司负责，这些不同层级的负责人在大多数时候行使了首席谈判官的职责。由此看来，外资企业也需要首席谈判官。

非营利性机构。政府机构、事业单位以及众多商协会在运作过程中，谈判也是一项必不可少的事务。

目前来看，这类机构在有法务、财务、规划等服务性业务需求时，倾向于向第三方咨询机构或智库机构采购。

职业谈判官，纵横商界的"自由侠"

职业谈判官不隶属于任何机构，以个人名义从事以下业务：一是接受客户委托，兼任企业的首席谈判官，行使相应职责；二是接受客户委托，参与具体项目的谈判；三是向客户提供谈判咨询业务；四是提供谈判培训或一对一教练服务。

当然，也可以像我一样，把谈判作为终身事业，创立一家机构。为此，我创建了广东省东方谈判发展研究院，组建团队，向客户提供谈判培训与咨询业务。同时，我亲自担任了数家学员企业的首席谈判官或企业老板的谈判教练，参与他们的重要谈判。

目前，在全球范围内，以谈判及其相关业务为主营业务的机构仍然屈指可数。盖普合伙公司是专门提供谈判培训和咨询业务。它的总部设在英国，在中国香港、美国纽约等地区开设有分支机构。它为通用汽车、英国石油、飞利浦等众多知名公司提供谈判培训业务。如果你希望自己成为一名职业谈判官，那么，可以从以下几个方面着手准备。

1. **心理**。在一次课堂上，一位学员分享了自己创业时的心路历程。他说："我之前在一家大公司担任营销总监，手里握着几亿元经费。无论走到哪里，总会明显感觉到一种莫名的优越感，好像大家都认识我。现在踏上创业路，之前那些'熟人'都联系不上了。四处求人，才能办成一件事情。每次回到自己狭窄的办公室，总是会想起之前宽大舒适的大班台。"这段话勾起了现场数位学员的回忆与分享。我也在脑海里，把自己的创业历程，像过电影一样，过了一遍，感慨良多。我相信，这是一次真诚的告白。如果你想成为一名职业谈判官，这样的痛楚或许在所难免。

2. **收入**。在企业，担任首席谈判官可以获得一份丰厚和稳定的收入，这是职业谈判官所无法获得的。职业谈判官的收入是以项目和服务计算的，带有较大不确定性。

3. **定位**。为哪一类客户提供什么样的服务。建议阅读杰克·特劳特的《定位》一书，结合定位理论，开发业务。

4. 营销与推广。通过营销与推广，让更多人知道，你能够为他们提供系统的谈判培训和专业的谈判咨询服务。营销无定式，能够抓住老鼠的猫就是好猫。需要注意的是，在投入营销推广费用时，先做好成本控制，再设想预期效果。可惜的是，好多人都把这两个步骤颠倒了。

5. 自我提升。著名教育家陶行知曾说："做先生的，应该一面教一面学，并不是贩买些知识来，就可以终身卖不尽的。"无论职业谈判官参与具体项目谈判，还是提供谈判咨询服务或培训业务，都属于智力服务范畴。以我的经验来讲，做完一次培训，或者为客户谈成一个项目，我的感觉是"脑袋被掏空了"。作为智力输出型工作者，或者叫智力提供者，在输出智力的同时，务必做好智力输入、存储与转化的工作。这是职业谈判官可以持续发展的长久之计。

不过，富士通将军（上海）有限公司董事长吉村昭彦曾说："有两样东西，对一个人、一个项目的成功起着重要作用：一是信念，相信通过自己和团队的努力，能够圆满地完成任务；二是对自己所从事的事业要有自豪感，感到自己从事的事业十分崇高。一个人只要信心百倍地去干自己喜欢做的事、感到骄傲的事，一定会取得意想不到的成果。"无论你认定成为一名首席谈判官，还是职业谈判官，坚定地走下去，必然能够收获一个美好的未来。

在本章里，我们介绍了两种类型的首席谈判官和他们的发展前景。在第16章里，我们将会介绍首席谈判官的培养规划。

武向阳（左）与沃特财务集团总裁蒂姆·沃特（右）

> 大多数企业的确没有相应的岗位和部门对谈判事务进行统筹、管理、建档、总结。在精益经营、微利获胜的时代，谈判对企业净利润的贡献越发明显。因此，每家企业都需要一名首席谈判官。

第16章

建立CNO培养机制

如果你对自己的职业成就非常认真，如果你永远不会感到满意，只因为你知道自己还有进步空间，那就从头再来一次，继续挑战自己。

—— 蒂姆·S.格罗弗：《12周像乔丹一样飞》

现在,我们是时候回到本书第 1 章开篇的案例了。

那两家企业围绕一个项目,先后进行了几轮谈判,但都没有达到签署协议的结果。我们发现,他们两家企业都没有搞清楚"首席谈判官"的角色以及职责。乙方甚至没有明白,甲方的首席谈判官到底是谁?而甲方也没有明白,乙方的老板其实就在扮演着首席谈判官。

像这样的案例,每天都在我们身边发生着。这也给予了我更加充足的动力,开创首席谈判官这项事业。

首先,我们了解一下当前大专院校开设谈判课的情况和市场上谈判培训课程的现状。然后,我提出首席谈判官的培养机制及相关课程规划。

象牙塔里的谈判课

为了掌握国内院校开设谈判课的情况,我专门组建了调研团队,第一阶段分别从两个方面着手收集资料:一方面,实地调研了众多知名高校;另一方面,大量检阅科研教学成果。第二阶段,我们团队集中在一起,共同讨论收集到的资料,并梳理商务谈判课的特点及存在的一些问题。

授课对象。在高等院校教育课程体系中,大多数院校仅针对市场营销、国际贸易、行政管理、企业管理等少数专业开设谈判类课程。

开课形式。一种形式是作为专业必修课,设置 36 ~ 54 个学时,包括若干实训课时。另外一种形式是谈判类选修课程,通常设置 24～36 学时,以课堂授课为主要教学方法。

教学内容。讲授一些商务谈判的概念、类型、需求等基础内容以及一些常用的谈判技巧。在实训课上,教师通常把学生分成若干小组,申明主题,进行谈判对抗训练。

在调研过程中,我们发现高校商务谈判课的一些问题:

一是商务谈判课没有清晰的定位,缺乏对学生的职业综合素质的培养;

二是课程内容过于书本化,且没有及时更新;

三是多采用本土教材,或者本院校老师编写的教材,视野狭窄;

四是授课内容过于注重基本原理、概念和结论等内容,而应用与创新方面不足;

五是商务谈判课与其他专业课程没有建立良好的互动关系。

总之,"教师主导课堂"的现象是普遍存在的,学生学习谈判的积极性相对低下。大多数学生对谈判的理解过于狭窄,把它当做一种纯粹的商业活动或商业技能。

市场培训师及资格认证现状

在全国范围内,开设的谈判培训课程有数十种之多。从学员反馈情况来看,刘必荣、李力刚等两位老师的课程处于领先位置。

美国认证协会(American Certification Institute)举办的注册国际谈判师(CIPN)认证项目。国际执业认证协会(International Association of Professional Certification)面向各类企业的中高层管理者举办的国际注册商务谈判师认证项目。此类协会提供的认证项目得到了部分商业人士的认可,但课程内容、师资力量仍然有待提高。

市场上的谈判培训课程存在以下几个方面的问题:

一是绝大多数谈判课程是针对基层销售采购人员设计的,无法引起企业高层重视。

二是内容以基础技能为主。在我看来，绝大多数培训师教授学员的谈判技能都是"招数"，却没有传授"心法"。

三是内容多是通适型，而几乎没有依据不同行业，研发针对性的课程。

四是培训讲师缺乏相应的实战经验。

因此，综合高校开设的商务谈判课和市场上开设的谈判培训课程两方面情况，我提出首席谈判官培养机制。

完善首席谈判官的培养机制

美国康奈尔大学前校长弗兰克·H.T. 罗德斯（Frank H.T. Rhodes）认为，每一个机构都需要聚集到某一件事务上，忽视核心事务的机构都无法繁荣发展。对于一家以谈判为核心事务的研究与培训机构而言，一流的培训项目、一流的研究力量、一流的讲师资源、一流的学员和一流的市场认可水平才是长期发展的根基。

培养方式。我们正在开发课堂教学、企业实训、在线课程、一对一教练等培养方式。

课堂教学是指把学员集中在一个地方，集中讲授谈判的基础知识、基本技能等。

企业实训是指安排学员进驻实训企业，观摩或参与具体项目实践，把课堂学习的知识转化为自身技能。

在线课程是指学员利用互联网，学习相关课程。在学习结束后，通过考试后，颁发相应证书。

一对一教练是指应学员要求，在若干时间内，由专职教练提供一对一的培训与实践教练。

同时，我们还计划联合知名高校，优势互补，利用高校理论研究优势和研究院的实践优势，联合提供首席谈判官基础知识课程。

师资建设。一方面，借助"世界大师中国行"项目，每年邀请谈判大师罗杰·道森、投资大师吉姆·罗杰斯等不同领域的顶尖专家，给广大学员授课；另一方面，与国内相关领域知名培训师合作，共同研发首席谈判官必备课程。

资格认证体系建设。认证是指教育培训机构主动采取自我规范行为和同行评审的方式，获得外部的认可。这类认可通常来自于政府主管部门或者行业协会。

课程研发。课程研发是培训工作的关键环节，象征着培训研究机构的实力和品牌。当然，课程研发是一项由诸多元素构成的系统工程。

首先，它是一项培训工作的总体设计方案。

其次，这个系统工程应该包括课程价值观、课程发展目标与方向、课程内容研究与开发、课程讲授与实训反馈等内容。

再次，课程是知识传播的途径之一，需要提供相应的实训、教练、实战等配套内容。

最后，课程研发是一种动态过程，随着政治经济发展、企业商业模式等条件的变革而变革。

六年前，我开始讲授谈判兵法。我在讲授过程中发现，众多企业领袖对谈判的需要主要集中在对项目策略、进度、人员管理等方面，而中层与基层销售和采购人员则渴望学习谈判技能、方法等内容。当我发现这两类人群有不同需求时，就着手针对企业家、企事业机构的高管进行研发，并推出高效谈判力课程。截至2017年8月31日，已有数千名企业家报读过上述课程。现在，由我精心研发的首席谈判官高级研修班课程已分别在2017年4月及9月成功举办，反响巨大。

接下来，除了谈判技能类课程，我还会依据本书给首席谈判官的定位、职责以及素质模型，研发领导力、谈判心理学、NLP等课程。与此同时，我也会邀请经济法类、股权设置以及财务类课程的知名讲师参与课程研发、讲授与提供教练服务。

推动首席谈判官成为人力资源体系中的一个规范性岗位。通过与政

府相关主管部门领导、多位人力资源专家交流，我发现，他们都非常支持我的想法。目前来看，大多数企业没有相应的岗位和部门对谈判事务进行统筹、管理、建档、总结。在精益经营，微利获胜的时代，谈判对企业净利润的贡献越发明显。因此，每家企业都需要一名首席谈判官。

毕竟，首席谈判官是我提出来的一个全新概念，并且我正在向越来越多人推广这个概念以及内涵。当然，我也明白，这会是一个漫长又艰难的过程，在本书收笔之际，欢迎所有对谈判有兴趣的人士，加入首席谈判官这个大家庭，我们共同传播知识，研究创新，探索谈判知识前沿。

同时，我抱着开放的心态，欢迎高水平的谈判培训力量，加入我们这个大家庭，共同推广以共赢式价值谈判为基础的首席谈判官理论体系。

后 记

CNO 俱乐部，
打造新生代谈判领袖社群

> 我讨厌训练时的每一分钟，但我告诉自己"不要放弃。现在的付出是为了以后能像冠军一样活着"。
>
> ——拳王阿里

这本书终于写完了，实属不易。

我猜想，即使你从头到尾，一字不拉地读完本书，仍然无法成为一名合格的首席谈判官。或者说，你通过阅读这本书，只是了解了"首席谈判官"的理论体系和基本技能。这说明，你刚刚踏上通往首席谈判官的路，并且迈出了第一步。

那么，如何才能成为一名真正的首席谈判官呢？我建议从以下几个方面做起。

一是，加入一个社群。《战国策·齐策》记录"物以类聚，人以群分"。在移动互联网兴起以来，在人际交往与商业运营过程中，社群的价值越发得到认可。在策划创作本书的过程中，我也在搭建一个社群——首席谈判官（CNO）俱乐部。参与众筹本书的朋友们，自动获得本俱乐部的会员资格。据我了解，这也开创了以谈判为活动主题的社群先河。加入首席谈判官社群，我们可以有以下几点收获。

1. 就谈判难题，获得高手指点与帮助。
2. 学习其他人的经验分享与解决问题的方法。
3. 以较低的成本，掌握有价值的谈判资讯。
4. 共同学习，相互监督。

二是，以初学者心态，拜师经验丰富的教练。 课堂培训总是有时间限制的，但教练指导则可以灵活安排，并且在具体项目谈判过程中，给你提供锦囊妙计。通常而言，教练可以来自你所在的企业内部，也可以来自企业外部。相比而言，我更加建议在企业内部"拜师"。他们更加了解实际情况和困难，给出的建议也会更加有针对性。除此以外，谈判教练还可以帮助我们完成以下事情。

1. 点燃我们的激情。
2. 和我们一起确立学习目标。
3. 鼓励我们尝试新策略、新技能。
4. 帮助我们解决疑难问题。
5. 从我们的行为与经历中，提出问题与改进建议。
6. 分享他"走过的弯路"，让你少走弯路。

经验丰富的教练只能把我们带入谈判的大门，而修行还要依靠我们自己。在修行过程中，保持一颗初学者心态则是十分必要的。美国知名作家乔治·伦纳德（George Leonard）在著作《如何把事情做到最好》（*Mastery*）中提到，要到达大师境界，我们必须接受并服从纪律的要求，必须放下"专长"，以提升到另一个层次；在此过程中，每一步都要培养初学者心态。

三是，系统学习。 系统学习是指把谈判知识当做一个系统，从整体轮廓着眼，再逐级细框架，再延伸到细节知识点，最后扫除疑难问题。系统学习一门技能或知识，通常可以划分为四个阶段。第一个阶段是搭建树状知识结构。从主题开始，划分第一层级（章），进一步细分第二层级（节），最后是第三层级。第三层级以概念、定义、特点、运用法则等内容为主。

第二阶段是建立网状知识结构。突破第一阶段的层级限制，在不同层级的知识点之间，建立连接，尤其是知识点之间的关系。

第三阶段是由点及面。在各知识点建立起网状结构以后，我们就可以从任何一个知识点，观察整体知识结构。第一个知识点都相当于一个中心，且可以有效地发散到其他知识点。

第四阶段是包容。经过前三个阶段的学习，我们几乎完全掌握了一门知识。在第四阶段，我们的重点是引入相关学科知识和勤于实践，建立知识与实践之间的双向反馈作用。或者说，这是一个学以致用，以用促学的过程。

四是，刻意练习。安德斯·艾利克森（Anders Ericsson）和罗伯特·普尔（Robert pool）在《刻意练习》（*Peak*）一书中给出了通过刻意练习，熟练掌握一门技能的方法。首先，在"学习区"练习。在心理学领域，人的知识和能力可以划分为三个嵌套在一起的圆圈，从里到外，依次是"舒适区""学习区"和"恐慌区"。艾利克森和普尔认为，只有在"学习区"练习，人们才能取得进步。

其次，大量重复训练。钱学森在一次采访中，讲述过一个有趣的事情。他在读书期间，发现老师拿到一篇论文，只需要快速浏览开头、中间的方法和结尾，就能判断这篇论文的水平。他一直很纳闷，对此也有一些疑问。直到老年，他在一次与学生交流过程中，猛然发现，自己原来也是这么评估论文的。

再次，持续获得有效反馈。约翰·伍登（John Wooden）是美国具有传奇色彩的篮球教练，率领加州大学篮球队获得12次大学联赛冠军。两位心理学家了为研究伍登的执教秘诀，全程贴身观察他的训练课，记录下他下达给每一位球员的指令。统计数据表明，在2326条指令里，表扬占6.9%，不满占6.6%，指导做什么动作和怎么做动作的信息占75%。他通常为球员演示一遍正确动作，再模仿一遍错误动作，再演示一遍正确动作。球员通过观察这三个动作，实际上进行了两次对比，快速掌握正确动作与错误动作的差别之处。

最后，高度集中精神。在刻意练习的过程中，既没有什么秘诀，也没有"寓教于乐"的理念，有的只是集中精神，专注练习。

五是，挑战极限。运动员在日常训练过程中，通常会设定一个"挑战极限"的区间。在这个区间里，他们给自己设定比自己最好的水平再好一点的目标，然后，全力冲刺。"挑战极限"是一种间断性练习，定期进行。我们在练习谈判技能时，也可以设定，每周做一些"极限训练"。

现在，开始谈判吧。否则，你要么被当成赵括，只会纸上谈兵；你要么被看成叶公，只是叶公好龙。

俗语说，条条大路通罗马，但罗马并不是一天建成的。因此，我相信，成为首席谈判官的道路不只一条，但每一条成为首席谈判官的道路都少不了经历一番严格的训练与艰苦的实践。

致 谢

　　本书即将付梓了，我心里却升腾起一股依依不舍之情。当我提起钢笔，将要在清样稿上签字时，我发觉自己的右手有些颤抖，不太听使唤了。

　　2013年，我首次提出"首席谈判官"概念，并立即着手研发课程、策划出版、撰写内容。回想过去的一千多个日日夜夜，我不记得，度过了多少无眠之夜；我不记得，牺牲了多少周末；我不记得，对大女儿说过多少次"抱歉，爸爸现在不能陪你玩"；我甚至不记得小女儿刚出生时的模样了。

　　但我记得，在许多个深夜，完成写作计划后，悄悄推开女儿的房门，趁着一丝依稀月光，看她熟睡时的小脸蛋。有几次，我分明看到她脸庞上显现出一丝满足的微笑。

　　我记得，在此期间，尊敬的母亲和亲爱的妻子对我说的最多的一句话是"你去忙吧，家里有我呢"。这句话给了我无限动力，支持我一路走下去。

　　我记得，中国前外交部长李肇星在2016亚太国际谈判大会上给我的鼓励之辞："谈判是外交事务的必要手段和

生存之道,不懂谈判,失去的不仅仅是利益,有时失去的甚至是国家的尊严和地位。"

当然,我也记得,那些默默陪伴在我身边,帮助我成长与进步的诸多亲朋好友们。

感谢《首席谈判官》所有的联合发起人,感谢你们的信任与支持,并与我一同开启这项前途无量的伟大事业。

在知识创新与传承过程中,每一个新理念、每一种新方法以及每一个新知识点都建立在无数前人的成就之上。我要特别感谢广东省东方谈判发展研究院及知本家教育集团所有的同事,给予我诸多支持与帮助。

郑重感谢深圳市中资海派文化传播有限公司和广东人民出版社的编辑策划团队,让这部作品可以如期呈现在读者面前。

最后,还有很多朋友,不再在此一一道出,谨以致谢。

正如"首席谈判官"概念一样,本书只是揭开了这项伟大事业的序幕,让我们一起期待更加美好的明天!

参考文献

【1】 武向阳著：《谈判兵法》，重庆：重庆出版社，2015年1月

【2】 [美] 罗杰·道森著，刘祥亚译：《优势谈判》，重庆：重庆出版社，2015年7月

【3】 [美] 罗杰·道森著，刘祥亚译：《绝对成交》，重庆：重庆出版社，2015年7月

【4】 [日] 高杉尚孝著，程亮译：《麦肯锡教我的谈判武器》，北京：北京联合出版公司，2016年2月

【5】 [美] 迪帕克·马哈拉、马克斯·巴泽曼著，吴奕俊译：《哈佛经典谈判术》，杭州：浙江人民出版社，2015年7月

【6】 邱昭良著：《复盘+》，北京：机械工业出版社，2016年6月

【7】 成甲著：《好好学习》，北京：中信出版集团，2017年2月

【8】 [美] 安德斯·艾利克森、罗伯特·普尔著，王正林译：《刻意练习》，北京：机械工业出版社，2016年

11 月

【9】余瑾秋著：《对商务谈判教学方法改革的几点思考》，载《现代经济信息》，2009 年 9 月

【10】刘莎著：《浅谈以岗位需求为导向构建"商务谈判"课程的实践性教学》，载《教育与职业》，2014 年 12 月

【11】王凤丽、崔莉著：《关于＜国际商务谈判＞课程教学方法改革的思考》，载《陕西教育：高教》，2014 年 1 月

【12】龙腾飞著：《新建本科院校＜国际商务谈判＞课程实践教学改革研究》，载《人力资源开发》，2015 年 12 月

【13】成婧著：《应用型院校国际商务谈判双语课程的实践教学研究》，载《江西师范大学学报》（社会科学版），2016 年 3 月

【14】王东升主编：《国际商务谈判与沟通》，北京：科学出版社，2010 年 6 月

【15】陆仲宁著：《沃顿商学院第一堂谈判课》，北京：电子工业出版社，2013 年 7 月

【16】张立强编著：《经典谈判谋略全鉴》，北京：地震出版社，2005 年 12 月

【17】[美] 亨利·克劳德、约翰·汤森德著，蔡岱安译：《界线对谈》，深圳：海天出版社，2010 年 10 月

【18】[美] 迪帕克·马哈拉、马克斯·巴泽曼著，吴奕俊译：《哈佛经典谈判术》，杭州：浙江人民出版社，2015 年 7 月

【19】[美] 博恩·崔西著，马喜文译：《谈判》，北京：机械工业出版社，2014 年 7 月

【20】[美] 吉姆·坎普著，任月园译：《谈判从说"不"开始》，广州：广东经济出版社，2010 年 1 月

【21】梅友松著：《地方高校人才培养机制改革与实践》，北京：科学技术文献出版社，2015 年 11 月

【22】程永波、李雪飞著：《嬗变与发展》，北京：科学出版社，

2016 年 3 月

【23】赵军著：《研究生培养机制改革》，北京：清华大学出版社，2014 年 6 月

【24】周平、范歆蓉著：《培训课程开发与设计》，北京：北京联合出版公司，2015 年 6 月

【25】［美］M.斯科特·派克著，于海生译：《少有人走的路》，北京：中国商业出版社，2013 年 7 月

【26】《实用文库》编委会编：《实用谈判技法大全》，北京：电子工业出版社，2008 年 1 月

【27】［美］罗伊·J.列维奇、布鲁斯·巴里、戴维·M.桑德斯著，郭旭力等译：《列维奇谈判学（原书第四版）》，北京：中国人民大学出版社，2008 年 10 月

【28】［美］利·汤普森著，赵欣、陆华强译：《汤普森谈判学》，北京：中国人民大学出版社，2009 年 9 月

【29】［美］戴维·A.拉克斯、詹姆斯·K.西贝尼厄斯著，梁卿、夏金彪译：《三维谈判》，北京：商务印书馆，2009 年 7 月

【30】［美］格兰德·卢姆著，姜丽丽等译：《我们谈谈吧》，北京：世界图书出版公司，2013 年 10 月

【31】［美］劳伦斯·萨斯坎德著，杨清波译：《哈佛双赢谈判课》，北京：中信出版集团，2015 年 8 月

【32】［美］凯瑟琳·凯利·里尔登著，冯宇译：《谈判的力量》，北京：当代中国出版社，2005 年 2 月

【33】［美］劳伦斯·萨斯坎德、哈勒姆·莫维斯著，汪海亭译：《谈判长赢》，北京：中国人民大学出版社，2012 年 10 月

【34】［美］G.理查德·谢尔著，林民旺、李翠英译：《沃顿商学院最实用的谈判课》，北京：机械工业出版社，2013 年 9 月

【35】［美］艾莉卡·爱瑞儿·福克斯著，胡姣姣译：《哈佛谈判心理学》，北京：中国友谊出版公司，2014 年 10 月

【36】[美]芭芭拉·科尔韦特著,刘昕译:《谈判与冲突管理》,北京:中国人民大学出版社,2009年4月

【37】[英]克莱夫·里奇著,张建萍译:《谈判,很容易》,北京:中信出版社,2015年1月

【38】[美]罗伯特·西奥迪尼著,陈叙译:《影响力》,北京:中国人民大学出版社,2006年5月

【39】李惠森著:《思利及人的力量》,北京:中信出版社,2012年9月

【40】[美]斯图尔特·戴蒙德著,杨晓红译:《沃顿商学院最受欢迎的谈判课》,北京:中信出版社,2012年8月

【41】[美]迈克尔·惠勒著,钱峰译:《谈判的艺术》,北京:中信出版社,2015年11月

【42】[美]罗杰·费希尔、威廉·尤里、布鲁斯·巴顿著,王燕、罗昕译:《谈判力》,北京:中信出版社,2012年8月

【43】[美]赫布·科恩著,谷丹译:《谈判无处不在》,广州:广东人民出版社,2011年10月

【44】[美]鲍勃·菲利普斯著,王怡译:《与刺猬共舞》,北京:中国商业出版社,2011年8月

【45】李力刚著:《谈判说服力》,北京:北京联合出版公司,2013年7月

【46】熊浩著:《熊浩的冲突解决课:谈判》,北京:法律出版社,2017年5月

【47】蔡嫦琪著:《瞬间攻心谈判术》,昆明:云南人民出版社,2012年6月

【48】八八众筹著:《风口》,北京:机械工业出版社,2015年1月

【49】吴声著:《场景革命》,北京:机械工业出版社,2015年7月

【50】李光斗著:《分享经济》,北京:机械工业出版社,2015年11月

【51】[美]托尼娅·瑞曼著，洪友译：《身体语言的力量》，天津：天津社会科学院出版社，2008年11月

【52】余柏、陶雪楠主编：《新编实用谈判案例详解与应用》，哈尔滨：哈尔滨出版社，2014年7月

【53】孙科炎主编：《业务谈判技能案例训练手册2.0》，北京：机械工业出版社，2013年1月

【54】袁良著：《赢合谈判》，北京：中国经济出版社，2010年1月

【55】李子林、薄绍信著：《现代谈判之道》，长春：吉林人民出版社，2013年11月

【56】[美]罗伯特·迈尔著，丛铭辉、王唤明译：《制胜谈判》，合肥：安徽人民出版社，2012年11月

【57】张祥著：《文化软实力与国际谈判》，北京：社会科学文献出版社，2013年9月

【58】[美]科丽·科歌昂、布瑞克·英格兰、朱莉·施密特著，易文波译：《这样路演就对了》，广州：广东人民出版社，2016年11月

【59】[美]西蒙·斯涅克著，苏西译：《从"为什么"开始》，深圳：海天出版社，2011年11月

【60】[美]玛格丽特·A.尼尔、托马斯·Z.利斯著，王正林译：《优势谈判心理学》，北京：新世界出版社，2016年6月

【61】[美]罗伯特·迈耶著，蒲雯玥译：《优势说服力》，北京：新世界出版社，2014年6月

【62】[英]乔恩·斯蒂尔著，田丽霞等译：《完美陈述》，重庆：重庆出版社，2009年9月

【63】[美]道林拉斯·柯南特、梅特·诺加德著，王祖宁、王凌凌译：《触点》，广州：世界图书出版广东有限公司，2013年4月

【64】[英]史蒂夫·盖茨著，苏西译：《优势谈判实战训练手册》，深圳：海天出版社，2014年3月

【65】[美] 塔马·埃尔克莱斯、杰克·菲利普斯著，吴峰译：《首席学习官》，北京：教育科学出版社，2010 年 8 月

【66】[美] 帕姆·狄勒著，孙庆磊译：《首席内容官》，北京：中国人民大学出版社，2015 年 11 月

【67】王建华著：《品牌密码》，北京：企业管理出版社，2015 年 1 月

【68】[美] 彼得·艾肯、迈克尔·戈尔曼著，刘晨、宾军志译：《首席数据官实战》，北京：清华大学出版社，2015 年 11 月

【69】原卫平著：《首席转型官》，北京：电子工业出版社，2014 年 1 月

【70】徐浩然、刘晓午著：《首席品牌官日志》，北京：中国经济出版社，2014 年 1 月

【71】[美] 科里·科特森、约瑟夫·格雷尼等著，毕崇毅译：《关键对话》，北京：机械工业出版社，2017 年 5 月

【72】[美] 科里·科特森、约瑟夫·格雷尼等著，毕崇毅译：《关键冲突》，北京：机械工业出版社，2017 年 5 月

【73】[美] 尼尔·布朗、斯图尔特·基利著，吴礼敬译：《学会提问》，北京：机械工业出版社，2013 年 1 月

【74】[美] 文森特·赖安·拉吉罗著，金盛华等译：《思考的艺术》，北京：机械工业出版社，2013 年 1 月

【75】[美] 布鲁克·诺埃尔·摩尔、理查德·帕克著，朱素梅译：《批判性思维》，北京：机械工业出版社，2015 年 1 月

【76】[美] 杰瑞米·多诺万著，冯颙、安超译：《TED 演讲的秘密》，北京：中国人民大学出版社，2014 年 4 月

【77】[美] 杰瑞·魏斯曼著，尹碧天译：《魏斯曼演讲圣经》，北京：中国人民大学出版社，2012 年 5 月

【78】[美] 艾伦·蒙罗、道格拉斯·艾宁格著，孙辰蔚、钟舒婷译：《演讲的基本》，北京：北京联合出版公司，2016 年 3 月

【79】［美］斯蒂芬·罗宾斯、蒂莫西·贾奇著，孙健敏、王震、李原译：《组织行为学》，北京：中国人民大学出版社，2016年12月

《首席谈判官》联合发起人群英榜

序号	姓名	公司名称	公司职位
1	徐源蔓	佛山市优多汾服装有限公司	董事长
2	杨凯铭	橘红世家济世中药有限公司	首席执行官
3	林伟静	美国赫思缇家居有限公司	董事
4	魏继超	广州极数宝数据服务有限公司	创始人
5	武国平	广州盛阳贸易有限公司	总经理
6	吴联星	中山市九芯环保科技有限公司	总经理
7	武钢	山西毛歌兄弟文化传媒有限公司	董事长
8	邵沃权	——	——
9	李程军	郑州银行信阳分行	行长
10	黄丹雁	广东天盛装饰消防工程有限公司	董事长
11	柯宝钗	悦己ＳＰＡ美容院	负责人
12	罗敏	喀什德力克石油工程有限公司	总经理
13	唐艺峻	广州市赛思达机械设备有限公司	总经理
14	夏侯唐华	深圳市融智德供应链有限公司	董事长
15	赵菁	深圳市恒兴嘉科技有限公司	副总

16	莫庆新	广州唐果商贸有限公司	总经理
17	穰扬峰	东莞市红富照明科技有限公司	董事长
18	张小波	肇庆绿宝石电子股份有限公司	董事长
19	郭足根	东莞市沅茂商贸有限公司	总经理
20	余建平	东莞市贝洛橡胶制品有限公司	总经理
21	武九成	伟通集团	董事长
22	武丕明	双创圆梦网络科技（深圳）有限公司	董事长
23	欧锦锋	悍高集团	董事长
24	何小平	河南华纳置业股份有限公司	董事长
25	武国刚	内蒙古泓源丰泰资源开发股份有限公司	董事长
26	林志坚	广州括迅信息科技有限公司	董事长
27	马静雪	聊城安胜装饰工程有限公司	总经理
28	陈　江	英国英吉集团	董事总经理
29	简伟红	珠海吉富礼品有限公司	总经理
30	杨桂华	珠海天坂金属无电解有限公司	总经理
31	王桂花	邯郸市佰司特装饰装修有限公司	创始人
32	简荣锋	广东金楼投资有限公司	执行董事
33	程　丽	东莞绿宝石园林公司	董事长
34	王　瑞	深圳市前海京豪斯装饰供应链有限公司	合伙人
35	丁绍忠	安徽三乐生物科技有限公司	董事长
36	周瑞长	怡洋（国际）企业有限公司	董事长
37	胡珊珊	珊姐家餐饮文化公司	创始人
38	邱　玮	广东国芯网络科技股份有限公司	创始人
39	蔡惠丽	香港星禾贸易有限公司	总经理
40	李淑丽	广州融美服装有限公司	总经理
41	秦文杰	河南格易科技	董事长
42	苏健源	悍高集团	副总经理
43	王亚锋	广州泽亚企业管理咨询有限公司	董事长
44	张汉泉	信基集团有限公司	董事长
45	赵学成	广富诚集团	总　裁
46	杨子龙	东莞市智航企业管理咨询有限公司	总经理

47	王亚东	厚德控股集团	总经理
48	潘 崑	昆明新巴拉汇贸易有限公司	董事长
49	马树强	众鼎集团	董事长
50	杨晓红	洛阳众芳牡丹产业集团有限公司	董事长
51	孙博伍	和盛世纪&梧桐部落&梧桐资本	董事长
52	陈小龙	江苏太子龙家具制造有限公司	总经理
53	毛家珍	南京瀚文堂文化投资有限公司	总经理
54	苏会敏	东莞市聚研硅胶科技有限公司	董事长
55	黄觉醒	广州有盈物业有限公司	总经理
56	石芷菡	深圳市台昱科技有限公司	董事长
57	崔程凯	深圳市优享汇创新科技有限公司	董事长
58	王志远	时刻销销网络有限公司	创始人
59	吴 颢	广东怀仁国医堂投资管理有限公司	董事长
60	庾日敬	东莞合顺旅游汽车租赁有限公司	董事长
61	陈 辉	广东大头车供应链网络科技有限公司	总 裁
62	李 权	天地和房咖有限公司	总经理
63	何明书	中山市东升镇佳峰五金制片厂	总经理
64	李 静	贵州香夫人绿色农业科技开发有限公司	董事长
65	唐启平	贵州省铜仁广泰医院	副院长
66	汤静媛	广州田野风园林绿化有限公司	总经理
67	王林燕	浙江锦灿酒店管理有限公司	董事长
68	耿 奎	南京大贺电力科技有限公司	总经理
69	敖以前	珠海市嘉渝农产品有限公司	总经理
70	杨 莹	广州市梧桐树文化发展有限公司	总经理
71	罗华英	铜仁市金农绿色农业科技有限公司	董事长
72	王兴龙	北京卓聚贤企业管理顾问有限公司	董事长
73	杨秀龙	广州市稳玫鞋业有限公司	总经理
74	蔡海云	广东桐盛建设工程有限公司	总经理
75	李连洪	大连华力科技有限公司	董事长
76	武 峰	广东行易孝文化传播有限公司	董事长
77	杨美琪	珠海横琴日恒国际贸易有限公司	总经理

78	杨志和	深圳市佳泰药业股份有限公司	董事副总经理
79	王　军	中山市百光照明科技有限公司	总经理
80	武　坛	第一亚洲（中国）财富管理中心	董事总裁
81	赵东伟	深圳恒邦伟业投资集团	董事副总经理
82	杨茂兰	深圳市好为咨询发展有限公司	创始人
83	李武坚	前海e购	总经理
84	尼　娜	深圳市阳光尼娜健康管理研究院	院　长
85	尹长荣	武汉市卡门亿通贸易有限公司	总经理
86	唐秋明	珠海金士能科技有限公司	总经理
87	曹　平	深圳市中禾环保工程有限公司	董事长
88	陈佩娜	珠海横琴帝尔威酒店投资管理有限公司	董事长
89	罗　蓉	深圳市福港湾汽车服务有限公司	董事长
90	武瑞先	光爱身心灵健康文化有限公司	董　事
91	余佳玲	深圳新安玳唐世家美容会所	总经理
92	孙山峰	深圳市嘉润精密模具有限公司	总经理
93	杨海松	普洱市阳光海发商贸有限公司	董事长
94	王宝平	走进崇高研究院走进崇高先遣团	副秘书长
95	聂海威	广州海威缘餐饮管理股份有限公司	董事长
96	孙浩淋	深圳新思融美业科技有限公司	董事长
97	吴安利	新发现植发连锁机构	董事长
98	岳晓峰	深圳市悦丰文化发展有限公司	总经理
99	邝光弟	青海住重工程机械设备有限公司	总经理
100	谢金龙	著名书法艺术家 文化部文化艺术人才中心艺术人才库专家	——
101	毛　军	华辉国际石业控投（北京）股份有限公司	董事长
102	王　歌	著名幸福心理学家　中国心理减肥之父	
103	杜朝云	云南景和文化发展有限公司	董事长
104	李桂兵	听说有约	创始人
105	罗永辉	中山市辉阳企业管理有限公司	董事长
106	蔡江燕	杭州纪优希服饰有限公司	董事长
107	庞　敏	正宇职业技能培训学校	董事长

108	武华兴	北京徐悲鸿艺术中心	当代著名书法家、画家、收藏家
109	刘勇	深圳市云信天诚信息科技有限公司	联合创始人
110	陈育永	(云南)保山市桂丰木业有限公司	董事长
111	付欣	湖南益阳市中钰科技电子有限公司	总经理
112	何妤	南京莫愁婚姻家庭咨询服务有限公司	总经理
113	张小红	赣州小红实业有限公司	董事长
115	崔小玮	四季人生心理咨询	心理咨询师
116	潘巨洋	珠海市桃花源装饰有限公司赣州分公司	总经理
117	李宏刚	《中国商人》杂志社	社长兼主编
118	李庆清	英皇达特肯妮时尚学院	董事长
119	程其宏	东莞市君爵服饰有限公司	总经理
120	吴敏雄	广州市仁启商贸有限公司	董事长
121	陈怡华	广州怡华人力资源管理有限公司	董事长
122	贾斌	北京神州绿盟科技有限公司	销售总监
123	邹毅	万有影立影视文化科技有限公司	联合创始人
125	黄超群	广州市亦身服饰有限公司	董事总经理
126	杜富杰	贵州台典酒业集团有限公司	董事长
127	张宏	深圳市禾芯科技有限公司	总经理
128	彭丽霞	霞新旅游策划工作室	总经理
129	张灶金	东莞市广隆食品有限公司	董事长
130	宁芷谊	佛山市铂溢信息咨询有限公司	董事长
131	袁敏	圣邦天下有限公司	总经理
132	唐岁意	广州云拓客营销管理咨询有限公司	总经理
133	刘军林	美格斯金铝业	董事长
135	宗卫东	侨建集团有限公司	副总裁
136	任桂荣	广州市锦桂贸易有限公司	总经理
137	吴坤	东莞市元则电器有限公司	董事长
138	黄刚强	广州豫皇强建筑装饰工程有限公司	总经理
139	郑纯杰	佛山市顺德区容桂纯隆实业有限公司	董事长
150	罗莎	中国银行	——

151	陈玉珍	东莞市金之童服装有限公司	董事长
152	屈坤林	四川省电子商务发展促进会	副会长
153	张晶晶	广东顺购信息科技有限公司	董事长
155	赵忠池	秦哥哥餐饮有限公司	总经理
156	张 勇	广州一秒服饰有限公司	总经理
157	金东焕	广东首信中呈影业有限公司	总经理
158	冯国祥	信诺富林投资公司	董事长
159	郑 杰	纽百伦(中国)科技有限公司广东分公司	总经理
160	杜凤莲	广东满天星文化发展有限公司	总经理
161	朱艳华	香港东熠工具集团有限公司	总经理
162	朱 海	深圳市农产主义移动互联有限公司	董事长
163	赵华旭	广东中才工商管理发展服务中心	总 裁
165	罗 鑫	广州品岱贸易有限公司	董事长
166	赵千语	广东省东方谈判发展研究院	副院长
167	唐雪莉	雪儿商城有限公司	负责人
168	李春燕	广州海威缘餐饮管理股份有限公司	总经理
169	武 艳	广州海威缘餐饮管理股份有限公司	副总经理
170	强 龙	杭州悍高五金有限公司	总经理
171	顾文虎	苏州盛世百隆五金有限公司	总经理
172	孙 平	石家庄悍斯商贸有限公司	总经理
173	蒋海彬	南京悍高五金有限公司	总经理
175	朱仁伟	南昌辰来科技有限公司	总经理
176	沈云兰	深圳市鑫新城五金有限公司	总经理
177	罗长莲	中海川国际投资集团	经理
178	吴宝旋	厦门麒轩装饰工程有限公司	总经理
179	陈锦洪	江西赣州锦红油漆化工有限公司	董事长
180	朱运华	赣州运华健康管理中心	总经理
181	姚清霞	赣州嘉通新材料有限公司	总经理
182	曾庆先	上犹远丰汽车销售有限公司	执行董事
183	金永存	湖南久安电气设备制造有限公司	总经理
185	童海伦	上海交通大学海外教育学院	特聘讲师

186	向 轩	——	——
187	黎进铧	广州蔻美化妆品科技有限公司	董事长
188	刘道府	珠海天下民生餐饮管理有限公司	董事长
189	张 名	广东魔方化妆品有限公司	董事长
190	王洪亮	佛山市适度家具有限公司	总经理
191	曾昭明	江西省漳州市大余县通达汽运有限公司	总经理
192	万 勇	吉安市大吉铝业贸易商行	总经理
193	杨玉良	河南博美医药科技有限公司	总经理
194	关懿晨	网美通网络科技有限公司	总经理
195	樊潇乐	三才缘畅工作室	总经理
196	李蔓柔	广东优越实业有限公司	总经理
197	尤明清	西藏宏绩集团格拉丹东商贸有限公司	董事长
198	宁志平	上海绿莹环保科技有限公司	负责人
199	倪海峰	双海百货有限公司	总经理
200	温雅雯	广州怡景园林绿化工程有限公司	区域经理
201	罗红玉	东莞市泰明同金属制品有限公司	总经理
202	周永佳	广州周佳灯具科技有限公司	总经理
203	罗胜辉	广州海润商联企业金融服务有限公司	董事长
205	卢 静	广东创世资产管理有限公司	总 裁
206	林绍鹏	揭阳市六六不锈钢有限公司	总经理
207	马昌辉	内蒙古赤峰市鼎泰投资咨询有限公司	董事长
208	肖芙蓉	平安广州分公司	优才主管
209	穆延宝	襄阳无限美商贸有限公司	董事长
210	卢伟珍	广州今顺贸易有限公司	总经理
211	彭向阳	广州华兴康复医院	业务副院长
212	周萍珍	斐济国家旅游移民有限公司	项目部经理
213	吴远潮	广东潮汇水产配送有限公司	董事长
215	彭永萍	广州市依诺数码科技有限公司	董事长
216	刘 健	广东乐返网络科技有限公司	董事合伙人
217	林 航	广州尊凡化妆品有限公司	董事长
218	周德男	广州一秒服饰有限公司	经 理

219	刘蓝亿	汤道生物科技（深圳）有限公司	董事长
220	宗颖俐	湖北言闻生物科技有限公司	运营总裁
221	任亚飞	怀仁国医堂总店	店长
222	林紫钗	深圳市科霖洁生物科技有限公司	董事总经理
223	沙军	江苏感创电子科技股份有限公司	董事长
225	葛勉锋	广州聚德教育集团	董事长
226	尹利	合肥博略文化传播有限公司	总经理
227	黄政军	广州华梦文化传播有限公司	合伙人
228	杜保成	德聚天下商学院	院长
229	张李剑	中山市碧丽斯顿有限公司	总经理
230	陈传技	南京晨锦集装箱运输公司	总经理
231	陈永桥	南京陈桥食品有限公司	董事长
232	陈银根	南京市新翰特投资管理有限公司	董事长
233	严国华	安徽智柜科技发展有限公司	董事长
235	苏小康	广州市金芳庭电梯有限公司	总经理
236	吴灵	广州书以载道教育咨询公司	总经理
237	陈加颖	衡点能量健康俱乐部	主席
238	杨静玄	北京弘智臻鼎文化传播有限公司	总经理
239	李净	北京圣桐建筑装饰工程有限公司	副总经理
240	郝魁玉	北京东方芙郎灯饰有限公司	总经理
251	陆丽娜	香港吉瑞夫国际集团有限公司	董事长
252	郭宗灵	广州舜耀福资产管理有限责任公司	董事长
253	陶明霞	广州市英熊生物科技有限公司	CEO
255	麦智明	广州尚元文化传媒有限公司	总经理
256	李杰	广东省佛山市南海区鹰翼科技贸易有限公司	董事长
257	许静	广州尚元文化传媒有限公司	董事长
258	袁雨依	广州腾飞印务有限公司	总经理
259	文运发	广州形态美文化活动策划有限公司	董事长
260	钱浩	北京青年大爱文化服务中心	主任
261	林淑娇	广州百奕科技信息科技有限公司	总监

262	查本彬	中人科（广东）教育投资集团	副总裁
263	伍世晁	广州市幸旺福珠宝有限公司	总经理
265	彭 云	中国财通国际产业集团有限公司	董事会主席
266	惠卫华	广东省陕西商会	副会长
267	吉海荣	广东国中文化发展股份有限公司	执行董事
268	泰 歌	泰歌文化教育有限公司（泰歌会）	董事长/会长
269	应 勇	爱中行社会服务中心	总干事
270	高佳玲	大美洲保险经纪有限公司	总 助
271	邹红斌	江苏沛愉食品饮料有限公司	总经理
272	苏妤安	广州耀法法律服务有限公司	总经理
273	庄宏煜	深圳市安润食品发展有限公司	营销总经理
275	苏 敏	——	——
276	朱光柱	中国人寿财产保险广东省分公司	经 理
277	张 飞	佛山市顺德区尚高交通设施工程有限公司	总经理
278	张其霖	深圳市天众互联网络科技有限公司	董事长
279	杨兵行	深圳商道智慧文化发展有限公司	品牌策划专家
280	蔡金山	广州通电嘉电子科技有限公司	副总经理
281	柏坚帅	广州保坚门窗有限公司	总经理
282	方 清	广州复同办公设备有限公司	董事长
283	陈清芳	广州三和门窗有限公司	总经理
285	凌·谷桥·代年	广州大凌实业股份有限公司	CEO
286	周春凤	深圳市伍洲房地产开发有限公司	财务总监
287	肖惠玲	广州信息数码科技有限公司	总经理
288	李水华	惠州市广达实业发展有限公司	设计总监
296	张卉芳	广州福莱文化艺术有限公司	总经理
297	张燕辉	广州聚德教育咨询有限公司	总经理
300	邓蕙欣	大爱科技有限公司	董事长

《首席谈判官》学习笔记

《首席谈判官》学习笔记

《首席谈判官》学习笔记

《首席谈判官》学习笔记

Chief Negotiation Officer

"iHappy书友会"会员申请表

姓　名（以身份证为准）：_____　　性　别：_____

年　龄：_____　　职　业：_____

手机号码：_____　　E-mail：_____

邮寄地址：_____　　邮政编码：_____

微信账号：_____（选填）

请严格按上述格式将相关信息发邮件至中资海派"iHappy书友会"会员服务部。

邮　箱：zzhp_marketing6@126.com

微信联系方式：请扫描二维码或查找zzhpszpublishing关注"中资海派图书"

优惠订购	订阅人		部　门		单位名称	
	地　址					
	电　话				传　真	
	电子邮箱			公司网址		邮　编
	订购书目					
	付款方式	邮局汇款	中资海派商务管理(深圳)有限公司 中国深圳银湖路中国脑库A栋四楼　　邮编：518029			
		银行电汇或转账	户　名：中资海派商务管理（深圳）有限公司 开户行：招行深圳科苑支行 账　号：81 5781 4257 1000 1 交通银行卡户名：桂林　　卡　号：622260 1310006 765820			
	附注	1. 请将订阅单连同汇款单影印件传真或邮寄，以凭办理。 2. 订阅单请用正楷填写清楚，以便以最快方式送达。 3. 咨询热线：0755－25970306 转 158、168　　传　真：0755－25970309 转 825 E-mail：szmiss@126.com				

→利用本订购单订购一律享受九折特价优惠。

→团购30本以上八五折优惠。